CW01653794

ATLAS
DES RÉGIONS
DE FRANCE

A Jacqueline et Jean

Mise à jour
juin 2014

Editions OUEST-FRANCE

LES RÉGIONS FRANÇAISES

27 régions (22*)
101 départements (96*)
4 055 cantons (3 883*)
36 683 communes (36 552*)
Chiffres : 01/01/2013

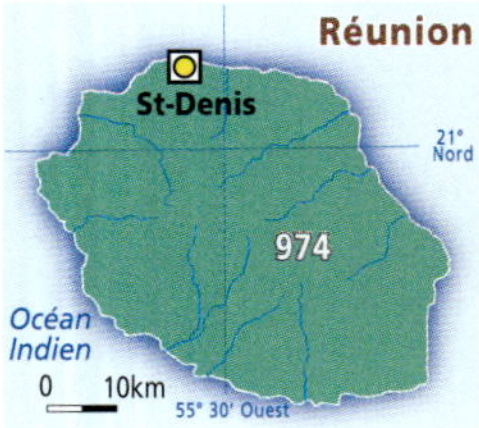

* Chiffres pour la métropole

Les régions

1 **La plus grande : Midi-Pyrénées, 35 348 km²**
2 **La plus petite : Alsace, 8 380 km²**
3 **La plus peuplée : Île-de-France, 11 978 400 hab.**
4 **La moins peuplée : Corse, 322 100 hab.**

Les départements

5 **Le plus grand : Gironde, 10 000 km²**
6 **Le plus petit : Paris, 105 km²**
7 **Le plus peuplé : Nord, 2 588 118 hab.**
8 **Le moins peuplé : Lozère, 77 085 hab.**

Les communes

9 **La plus grande : Arles (Bouches-du-Rhône), 758 km²**
10 **La plus petite : Castelmoron-d'Albret (Gironde), 0,036 km²**
11 **La plus peuplée : Paris, 2 249 975 hab.**
12 **Les moins peuplées : 4 communes comptant 0 habitant dans la Meuse***

Chiffres : INSEE estimations 01/01/2013

* détruites en 1914

LES RÉGIONS

Région	Superficie	Population 01/01/1999	Population 01/01/2013	Projection 2030	Préfecture (agglomération)	Population* 01/01/2013
ALSACE	8 380	*1 732 600*	1 861 000	*2 065 000*	Strasbourg	272 222
AQUITAINE	41 309	*2 906 700*	1 303 292	*3 563 000*	Bordeaux	239 399
AUVERGNE	26 013	*1 309 400*	1 355 600	*1 330 000*	Clermont-Ferrand	140 957
BOURGOGNE	31 582	*1 610 800*	1 643 900	*1 618 000*	Dijon	151 672
BRETAGNE	27 209	*2 904 100*	3 259 700	*3 471 000*	Rennes	208 033
CENTRE (CENTRE-VAL DE LOIRE)	39 151	*2 440 300*	2 572 900	*2 654 000*	Orléans	114 185
CHAMPAGNE-ARDENNE	25 606	*1 343 300*	1 333 500	*1 261 000*	Châlons-en-Champagne	45 153
CORSE	8 680	*260 200*	322 100	*308 000*	Ajaccio	66 809
FRANCHE-COMTÉ	16 202	*1 117,300*	1 177 900	*1 189 000*	Besançon	115 879
ÎLE-DE-FRANCE	12 011	*10 946 000*	11 978 400	*12 409 000*	Paris	2 249 975
LANGUEDOC-ROUSSILLON	27 376	*2 292 400*	2 727 300	*3 302 000*	Montpellier	264 538
LIMOUSIN	16 642	*711 500*	741 000	*738 000*	Limoges	137 758
LORRAINE	23 542	*2 311 700*	2 350 700	*2 272 000*	Metz	119 962
MIDI-PYRÉNÉES	45 348	*2 550 300*	2 946 500	*3 329 000*	Toulouse	447 340
NORD-PAS-DE-CALAIS	12 414	*3 997 500*	4 052 200	*4 063 000*	Lille	227 533
BASSE-NORMANDIE	17 589	*1 421 900*	1 479 200	*1 480 000*	Caen	108 793
HAUTE-NORMANDIE	12 318	*1 780 500*	1 848 100	*1 852 000*	Rouen	111 553
PAYS-DE-LA-LOIRE	32 082	*3 220 000*	3 538 000	*3 949 000*	Nantes	287 845
PICARDIE	19 399	*1 858 000*	1 924 700	*1 929 000*	Amiens	133 327
POITOU-CHARENTES	25 809	*1 639 700*	1 792 200	*1 868 000*	Poitiers	87 906
PROVENCE-ALPES-CÔTE D'AZUR	31 400	*4 502 400*	4 937 400	*5 612 000*	Marseille	850 636
RHÔNE-ALPES	43 698	*5 640 200*	6 393 500	*6 942 000*	Lyon	491 268
GUADELOUPE	1 703	*385 600*	405 739	*548 000*	Basse-Terre	11 730
GUYANE	83 534	*155 800*	250 100	*424 000*	Cayenne	57 229
MARTINIQUE	1 128	*380 900*	386 486	*427 000*	Fort-de-France	86 753
RÉUNION	2 504	*703 800*	840 974	*1 026 000*	Saint-Denis	145 347
MAYOTTE	376		250 109		Mamoudzou	57 281

* Population municipale

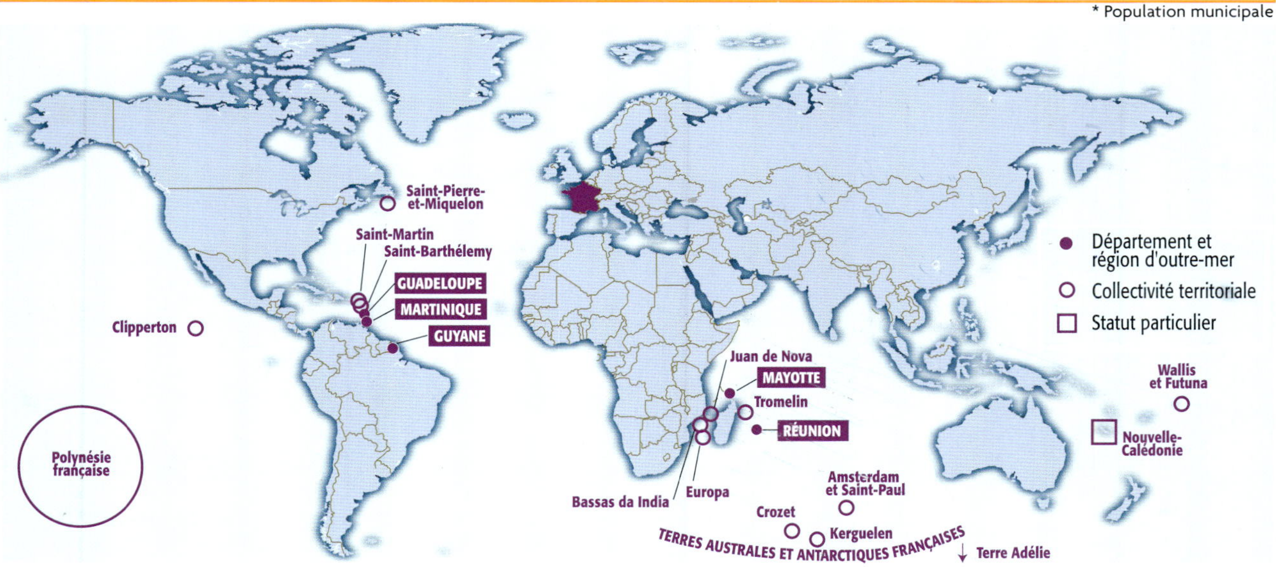

L'ALSACE

Logo de la région

Région Alsace

Drapeau de la région

0 10 20 km

Généralités

Habitants : ***les Alsaciens***

Préfecture régionale : **Strasbourg**

Superficie : **8 380 km²** [1,5 %]

Population (2013) : **1 861 000** [2,9 %]

Densité (hab./km²) (2013) : **224** [116]

Variation relative annuelle (2006-2013) : **0,4 %** [0,5%]

Nombre de communes (2013) : **904**

Nombre de cantons (2013) : **75**

Président de région (2013) : ***Philippe Richert***

En bleu, part par rapport à la France métropolitaine

Les départements

Bas-Rhin (67)

- Population (2013) : 1 104 047
- Habitants : ***les Bas-Rhinois***
- Préfecture : **Strasbourg** ***(les Strasbourgeois)***
- Sous-préfectures : Haguenau, Molsheim, Saverne, Sélestat, Wissembourg

Haut-Rhin (68)

- Population (2013) : 756 973
- Habitants : ***les Haut-Rhinois***
- Préfecture : **Colmar** ***(les Colmariens)***
- Sous-préfectures : Altkirch, Guebwiller, Mulhouse, Ribeauvillé, Thann

Population des principales agglomérations (2010)

Strasbourg : 449 931
Mulhouse : 242 353
Colmar : 92 019
Haguenau : 34 620*
Sélestat : 19 181*
Saverne : 11 685*
Guebwiller : 11 517*

En **gras**, population des préfectures,
* population communale.

Démographie

- Part des moins de 20 ans (2013) : **23,9 %** [24,4 %]
- Part des 40 à 59 ans (2013) : **28,3 %** [26,8 %]
- Part des plus de 75 ans (2013) : **8,2 %** [9,1 %]
- Accroissement naturel (2006-2013) : **0,5 %** [0,4 %]
- Part de la population étrangère (2010) : **7,6 %** [5,9 %]
- Taux de natalité (2012) : **11,7 ‰** [12,4 %]
- Taux de mortalité (2013) : **8 ‰** [8,8 %]
- Espérance de vie à la naissance (2012) :
  femmes : **84,4** [84,9]
  hommes : **79,1** [78,5]

Economie

Emploi

- Taux de chômage (2013) : **9,2 %** [9,8 %]
- Allocataires au RSA (2012) : **6,1 %** [6,1 %]

Niveau de vie

- Niveau de vie médian des ménages (2011) : **20 609 €** [19 547 €]
- Revenu fiscal médian déclaré par les ménages (2011) : **20 603 €** [19 218 €]
- Part des ménages propriétaires (2010) : **58,5 %** [57,8%]

Puissance économique régionale

Créations d'entreprises (2013)(1)

- Nombre de création d'entreprises : 13 441 [520 997]
- Part du total France métropolitaine : 2,5 % [10,4%]
- Taux de création : 14,6 % [14,4%]

Valeur ajoutée brute (2012)(2)
par branche d'activité (%)

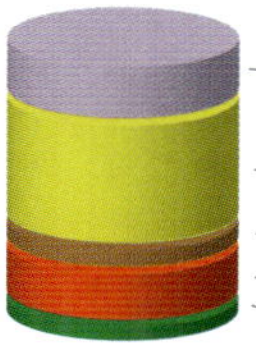

Transports

- Autoroutes (2011) : **302 km**
- Routes nationales (2011) : **90 km**
- Réseau ferré (2013) : **716 km**
- Trafic aérien (2013) : **7 033** (1)

(1) Milliers de passagers par an

Tourisme

- Hôtels homologués (2013) : **549**
- Campings classés (2013) : **91**

Spécialités agricoles

Bovins, lait, houblon, seigle

Spécialités industrielles

Caoutchouc et matières plastiques, industries alimentaires, automobile, produits pharmaceutiques, industrie textile

Spécialités culinaires et produits

Choucroute, knack, Munster, Bretzel, spätzles, kougelhopf, foie gras, vins (gewurztraminer, riesling, sylvaner), eaux-de-vie

Autres grands sites touristiques

Sites culturels : horloge astronomique de Strasbourg et palais Rohan, écomusée d'Alsace, camp du StruThof, route des vins d'Alsace ;
site naturel : route des Crêtes ;
sites religieux : abbaye de Murbach, église de Thann, église de Marmoutier, cathédrale Notre-Dame de Strasbourg ;
villages : Hunspach, Kaysersberg, Mittelbergheim, Riquewihr, Hunawihr, Eguisheim

Les chiffres rouges rappellent la moyenne nationale.
(1) et (2) : voir glossaire en fin d'ouvrage

L'AQUITAINE

Logo de la région

RÉGION AQUITAINE

Drapeau de la région

Autres grands sites touristiques

Châteaux : Roquetaillade, Commarque, Villandraut, Langoiran, Duras, Pau ;
villages et bastides : Beynac-et-Cazenac, Les Eyzies, Brantôme, Monpazier, Domme, Villefranche-du-Périgord, Villefranche-du-Périgord, St-Jean-de-Côle, St-Amand-de-Coly, St-Léon-sur-Vézère, La Roque-Gajeac, Belvès, St-Émilion, Montréal, Fourcès, Larressingle, Sare, Aïnhoa

Généralités

Habitants : ***les Aquitains***

Préfecture régionale : **Bordeaux**

Superficie : **41 309 km²** [7,6 %]

Population (2013) : **3 303 292** [5 %]

Densité (hab./km²) (2013) : **79** [116]

Variation relative moyenne (2006-2013) : **0,8 %** [0,5%]

Nombre de communes (2013) : **2 296**

Nombre de cantons (2013) : **235**

Président de région (2013) : ***Alain Rousset***

Les départements

Dordogne (24)

- Population (2013) : 418 806
- Habitants : ***les Périgourdins***
- Préfecture : **Périgueux *(les Périgourdins)***
- Sous-préfectures : Bergerac, Nontron, Sarlat-la-Canédat

Gironde (33)

- Population (2013) : 1 491 170
- Habitants : ***les Girondins***
- Préfecture : **Bordeaux *(les Bordelais)***
- Sous-préfectures : Arcachon, Blaye, Lesparre-Médoc, Libourne

Landes (40)

- Population (2013) : 397 611
- Habitants : ***les Landais***
- Préfecture : **Mont-de-Marsan *(les Montois)***
- Sous-préfecture : Dax

Lot-et-Garonne (47)

- Population (2013) : 333 569
- Habitants : ***les Lot-et-Garonnais***
- Préfecture : **Agen *(les Agenais)***
- Sous-préfectures : Marmande, Nérac, Villeneuve-sur-Lot

Pyrénées-Atlantiques (64)

- Population (2013) : 662 236
- Habitants : ***les Basco-Béarnais***
- Préfecture : **Pau *(les Palois)***
- Sous-préfectures : Bayonne, Oloron-Ste-Marie

Population des principales agglomérations (2010)

Bordeaux : 843 425
Pau : 197 611
Bayonne : 224 487
Agen : 79 855
Périgueux : 65 843
Mont-de-Marsan : 31 188*

En **gras**, population des préfectures,
* population communale.

Démographie

- Part des moins de 20 ans (2013) : **22,4 %** [24,4 %]
- Part des plus de 75 ans (2013) : **10,6 %** [9,1 %]
- Accroissement naturel (2006-2013) : **0,1 %** [0,4 %]
- Population étrangère (2010) : **4,3 %** [5,9 %]
- Taux de natalité (2012) : **10,4 ‰** [12,4 %]
- Taux de mortalité (2012) : **9,9 ‰** [8,8 %]
- Espérance de vie à la naissance (2012) :
  femmes : **85,1** [84,9]
  hommes : **78,8** [78,5]

Economie

Emploi

- Taux de chômage (2013) : **9,7%** [9,9%]
- Allocataires au RSA (2012) : **5,9 %** [6,6 %]

Niveau de vie

- Niveau de vie médian des ménages (2011) : **19 312 €** [19 547 €]
- Revenu fiscal médian déclaré par les ménages (2011) : **19 074 €** [19 218 €]
- Part des ménages propriétaires (2010) : **60,5 %** [57,8%]

Puissance économique régionale

Créations d'entreprises (2013)(1)

- Nombre de création d'entreprises : 30 596 [520 997]
- Part du total France métropolitaine : 5,7 % [96,8%]
- Taux de création : 15,6 % [14,4 %]

Valeur ajoutée brute (2012)(2)
par branche d'activité (%)

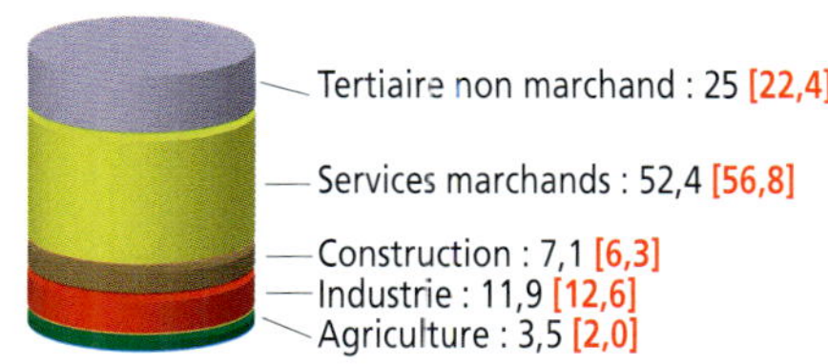

Transports

- Autoroutes (2011) : **785 km**
- Routes nationales (2011) : **537 km**
- Réseau ferré (2013) : **1 587 km**
- Trafic aérien (2013) : **6 645** (1)

(1) Milliers de passagers par an

Tourisme

- Hôtels homologués (2013) : **1 053**
- Campings classés (2009) : **602**

Spécialités agricoles

Céréales (maïs), volailles

Spécialités industrielles

Pétrole et gaz naturel, industrie du cuir et chaussure, aéronautique, bois et ameublement

Spécialités culinaires et produits

Vins, truffe du Périgord, huîtres, foie gras, piment d'Espelette, jambon de Bayonne, bœuf blond, cannelé de Bordeaux, cèpe

Les chiffres rouges rappellent la moyenne nationale.
(1) et (2) : voir glossaire en fin d'ouvrage

L'AUVERGNE

Logo de la région

Drapeau de la région

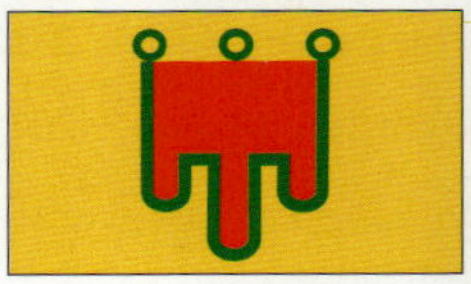

Autres grands sites touristiques

Sites naturels : Puy-de-Dôme, Puy-de-Sancy, Le Puy-en-Velay ; **château :** château de Lapalisse ; **site religieux :** basilique d'Orcival ; **villages :** St-Saturnin, Montpeyroux, St-Floret, Usson, Blesle, Lavaudieu, Tournemire

Généralités

Habitants : ***les Auvergnats***

Préfecture régionale : **Clermont-Ferrand**

Superficie : **26 013 km²** [4,8 %]

Population (2013) : **1 355 600** [2,1 %]

Densité (hab./km²) (2013) : **52** [116]

Variation relative moyenne (2006-2013) : **0,2 %** [0,5%]

Nombre de communes (2013) : **1 310**

Nombre de cantons (2013) : **158**

Président de région (2013) : ***René Souchon***

Les départements

Allier (03)

- Population (2013) : 342 534
- Habitants : ***les Élavérins***
- Préfecture : **Moulins** ***(les Moulinois)***
- Sous-préfectures : Montluçon, Vichy

Cantal (15)

- Population (2013) : 146 464
- Habitants : ***les Cantaliens***
- Préfecture : **Aurillac** ***(les Aurillacois)***
- Sous-préfectures : Mauriac, St-Flour

Haute-Loire (43)

- Population (2013) : 226 685
- Habitants : ***les Altiligériens***
- Préfecture : **Le Puy-en-Velay** ***(les Ponots)***
- Sous-préfectures : Brioude, Yssingeaux

Puy-de-Dôme (63)

- Population (2013) : 639 947
- Habitants : ***les Puydomois***
- Préfecture : **Clermont-Ferrand** ***(les Clermontois)***
- Sous-préfectures : Ambert, Issoire, Riom, Thiers

Population des principales agglomérations (2010)

Clermont-Ferrand : 260 681
Le Puy-en-Velay : 18 537*
Vichy : 24 992*
Montluçon : 38 166*
Moulins : 19 094*
Aurillac : 27 338*

En **gras**, population des préfectures,
* population communale.

Démographie

- Part des moins de 20 ans (2013) : **21,7 %** [24,4 %]
- Part des plus de 75 ans (2013) : **11,3 %** [9,1 %]
- Accroissement naturel (2006-2013) : **-0,1 %** [0,4 %]
- Population étrangère (2010) : **3,3 %** [5,9 %]
- Taux de natalité (2012) : **10,1 ‰** [12,4 %]
- Taux de mortalité (2012) : **11,2 ‰** [8,8 %]
- Espérance de vie à la naissance (2012) :
  femmes : **84,5** [84,9]
  hommes : **77,8** [78,5]

Economie

Emploi

- Taux de chômage (2013) : **8,8%** [9,9 %]
- Allocataires au RSA (2012) : **5,7 %** [6,6 %]

Niveau de vie

- Niveau de vie médian des ménages (2011) : **18 690 €** [19 547 €]
- Revenu fiscal médian déclaré par les ménages (2011) : **18 237 €** [19 218 €]
- Part des ménages propriétaires (2010) : **63,9 %** [57,8 %]

Puissance économique régionale

Créations d'entreprises (2013)(1)

- Nombre de création d'entreprises : 8 258 [520 997]
- Part du total France métropolitaine : 1,5 % [96,8 %]
- Taux de création : 12,4 % [14,4 %]

Valeur ajoutée brute (2012)(2) par branche d'activité (%)

Transports

- Autoroutes (2011) : **380 km**
- Routes nationales (2011) : **512 km**
- Réseau ferré (2013) : **1 141 km**
- Trafic aérien (2013) : **448** (1)

(1) Milliers de passagers par an

Tourisme

- Hôtels homologués (2013) : **578**
- Campings classés (2013) : **255**

Spécialités agricoles

Bovins, volailles, lait, seigle

Spécialités industrielles

Caoutchouc et matières plastiques, industries agro-alimentaires

Spécialités culinaires et produits

Eau minérale, bœuf charolais, fromages (St-Nectaire, fourme d'Ambert), lentille verte du Puy, vins de St-Pourçain, poulets et agneaux du Bourbonnais

Les chiffres rouges rappellent la moyenne nationale.
(1) et (2) : voir glossaire en fin d'ouvrage

LA BOURGOGNE

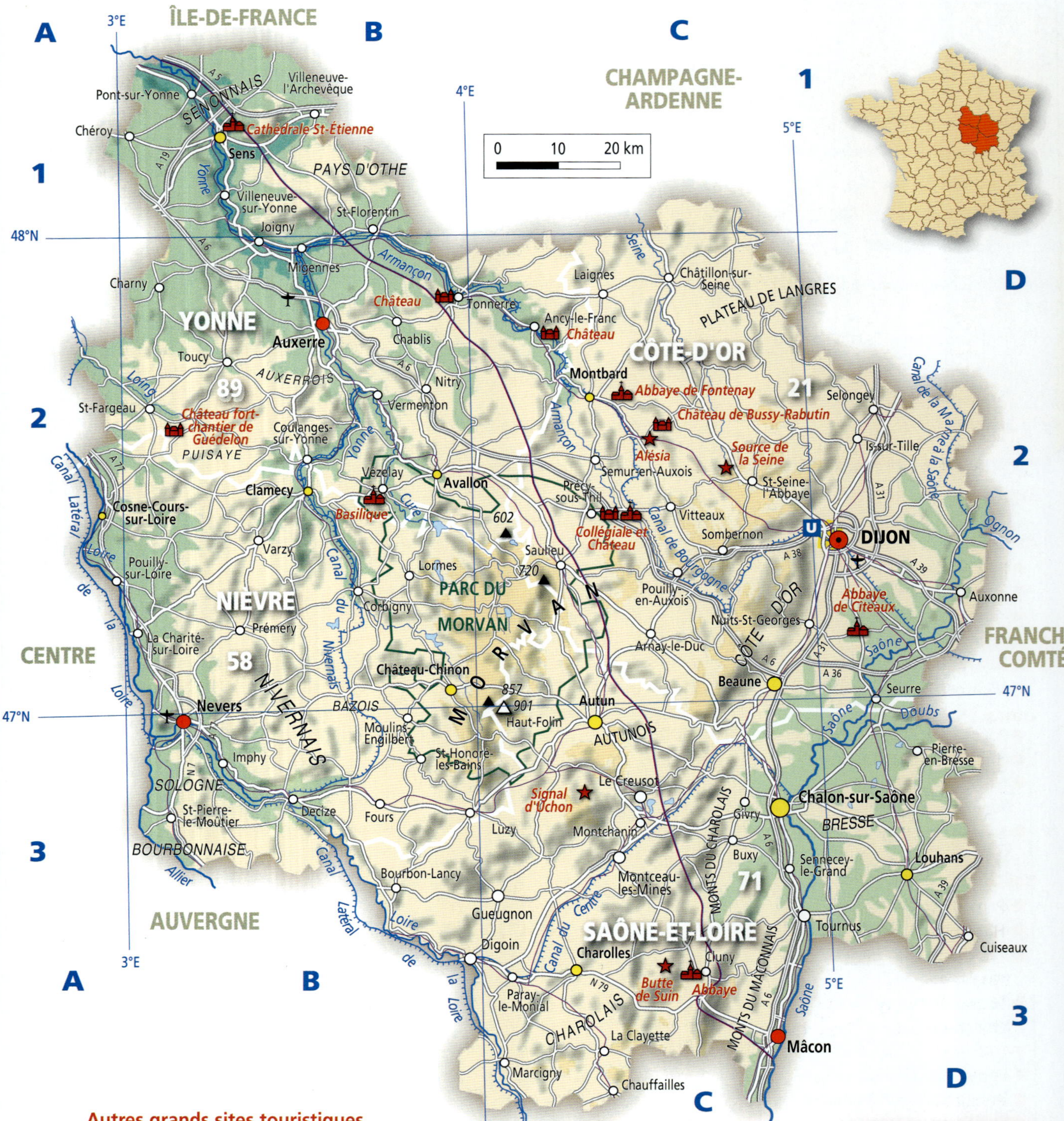

Drapeau de la région

Logo de la région

Bourgogne

Autres grands sites touristiques

Châteaux : Cormatin, Tournus, Commarin ; **sites naturels :** source de la Seine, grottes d'Arcy-sur-Cure, parc du Morvan ; **villages :** Châteauneuf, Flavigny-sur-Ozerain, Châtillon-sur-Seine, Chaource

Généralités

Habitants : ***les Bourguignons***

Préfecture régionale : **Dijon**

Superficie : **31 582 km²** [5,8 %]

Population (2013) : **1 643 900** [2,5 %]

Densité (hab./km²) (2013) : **52** [116]

Variation relative moyenne (2006-2013) : **0,1 %** [0,5 %]

Nombre de communes (2013) : **2 046**

Nombre de cantons (2013) : **174**

Président de région (2013) : ***François Patriat***

Les départements

Côte-d'Or (21)

- Population (2013) : 528 403
- Habitants : ***les Costaloriens***
- Préfecture : **Dijon** ***(les Dijonnais)***
- Sous-préfectures : Beaune, Montbard

Nièvre (58)

- Population (2013) : 216 568
- Habitants : ***les Nivernais***
- Préfecture : **Nevers** ***(les Nivernais)***
- Sous-préfectures : Château-Chinon, Clamecy, Cosne-Cours-sur-Loire

Saône-et-Loire (71)

- Population (2013) : 556 900
- Habitants : ***les Saône-et-Loiriens***
- Préfecture : **Mâcon** ***(les Mâconnais)***
- Sous-préfectures : Autun, Chalon-sur-Saône, Charolles, Louhans

Yonne (89)

- Population (2013) : 342 060
- Habitants : ***les Icaunais***
- Préfecture : **Auxerre** ***(les Auxerrois)***
- Sous-préfectures : Avallon, Sens

Population des principales agglomérations (2010)

Dijon : 237 117
Auxerre : 35 534*
Chalon-sur-Saône : 73 163
Nevers : 61 647
Mâcon : 34 040*
Sens : 25 146*
Le Creusot : 22 620*

En **gras**, population des préfectures, * population communale.

Démographie

- Part des moins de 20 ans (2013) : **22,5 %** [24,4 %]
- Part des plus de 75 ans (2013) : **11,2 %** [9,1 %]
- Accroissement naturel (2006-2013) : **0,0 %** [0,4 %]
- Population étrangère (2010) : **4 %** [5,9 %]
- Taux de natalité (2012) : **10,5 ‰** [12,4 %]
- Taux de mortalité (2012) : **10,9 ‰** [8,8 %]
- Espérance de vie à la naissance (2012) :
  femmes : **84,5** [84,9]
  hommes : **78** [78,5]

Economie

Emploi

- Taux de chômage (2013) : **9,2 %** [9,9%]
- Allocataires au RSA (2012) : **5,5 %** [6,6 %]

Niveau de vie

- Niveau de vie médian des ménages (2011) : **19 024 €** [19 547 €]
- Revenu fiscal médian déclaré par les ménages (2011) : **18 695 €** [19 218 €]
- Part des ménages propriétaires (2010) : **63,5 %** [57,8%]

Puissance économique régionale

Créations d'entreprises (2013)(1)

- Nombre de création d'entreprises : 9 607 [520 997]
- Part du total France métropolitaine : 1,8 % [96,8%]
- Taux de création : 15,6 % [14,4 %]

Valeur ajoutée brute (2012)(2) par branche d'activité (%)

Transports

- Autoroutes (2011) : **685 km**
- Routes nationales (2011) : **342 km**
- Réseau ferré (2013) : **1 891 km**
- Trafic aérien (2013) : **29** (1)

(1) Milliers de passagers par an

Tourisme

- Hôtels homologués (2013) : **569**
- Campings classés (2013) : **191**

Spécialités agricoles

Vins, bovins, céréales

Spécialités industrielles

Transformation de l'acier, parachimie, caoutchouc et matières plastiques, biens d'équipements ménagers

Spécialités culinaires et produits

Vins (côte de Nuits, côte de Beaune, côte châlonnaise), moutarde, fromage (époisses), viandes du Charolais, jambon cru du Morvan, pain d'épice

Les chiffres rouges rappellent la moyenne nationale.
(1) et (2) : voir glossaire en fin d'ouvrage

LA BRETAGNE

Logo de la région

Région BRETAGNE

Drapeau de la région

Généralités

Habitants : ***les Bretons***

Préfecture régionale : **Rennes**

Superficie : **27 209 km²** [5 %]

Population (2013) : **3 259 700** [4,9 %]

Densité (hab./km²) (2013) : **119** [116]

Variation relative moyenne (2006-2013) : **0,7%** [0,5%]

Nombre de communes (2013) : **1 270**

Nombre de cantons (2013) : **201**

Président de région (2013) : ***Pierrick Massiot***

Spécialités industrielles

Agro-alimentaire, équipements électriques et électroniques, construction navale, industrie automobile

Spécialités culinaires et produits

Crêpes et galettes, kouign-amann, fruits de mer (huître, coquille St-Jacques, moule), beurre, cidre, artichaut, oignon, chou-fleur

Spécialités agricoles

Porcins, lait, bovins, légumes frais, volailles et œufs

Autres grands sites touristiques

Sites naturels : côte d'Émeraude, côte de granite Rose, presqu'île de Crozon, pointe de Penhir, Cornouaille, Île d'Ouessant ; **villages :** Le Faou, St-Suliac, Rochefort-en-Terre

Les départements

Côtes-d'Armor (22)

- Population (2013) : 601 822
- Habitants : ***les Costarmoricains***
- Préfecture : **St-Brieuc *(les Briochins)***
- Sous-préfectures : Dinan, Guingamp, Lannion

Finistère (29)

- Population (2013) : 905 164
- Habitants : ***les Finistériens***
- Préfecture : **Quimper *(les Quimpérois)***
- Sous-préfectures : Brest, Châteaulin, Morlaix

Ille-et-Villaine (35)

- Population (2013) : 1 015 427
- Habitants : ***les Brétilliens***
- Préfecture : **Rennes *(les Rennais)***
- Sous-préfectures : Fougères, Redon, St-Malo

Morbihan (56)

- Population (2013) : 737 246
- Habitants : ***les Morbihannais***
- Préfecture : **Vannes *(les Vannetais)***
- Sous-préfectures : Lorient, Pontivy

Population des principales agglomérations (2010)

Rennes : 310 672
Brest : 199 852
Vannes : 76 343
Lorient : 114 360
Quimper : 79 067
St-Malo : 45 201*
St-Brieuc : 93 915
Lanester : 22 164*
Fougères : 19 775*

En **gras**, population des préfectures,
* population communale.

Démographie

- Part des moins de 20 ans (2013) : **24,2 %** [24,4 %]
- Part des plus de 75 ans (2013) : **9,6 %** [9,1 %]
- Accroissement naturel (2006-2013) : **0,2 %** [0,4 %]
- Population étrangère (2010) : **2 %** [5,9 %]
- Taux de natalité (2012) : **11,3 ‰** [12,4 %]
- Taux de mortalité (2012) : **10,1 ‰** [8,8 %]
- Espérance de vie à la naissance (2012) :
  femmes : **84,4** [84,9]
  hommes : **77,3** [78,5]

Economie

Emploi

- Taux de chômage (2013) : **8,8 %** [9,9 %]
- Allocataires au RSA (2012) : **4,3 %** [6,6 %]

Niveau de vie

- Niveau de vie médian des ménages (2011) : **19 322 €** [19 547 €]
- Revenu fiscal médian déclaré par les ménages (2011) : **18 969 €** [19 218 €]
- Part des ménages propriétaires (2010) : **66,5 %** [57,8%]

Puissance économique régionale

Créations d'entreprises (2013)(1)

- Nombre de création d'entreprises : 18 918 [520 997]
- Part du total France métropolitaine : 3,5 % [96,8%]
- Taux de création : 12,5 % [14,4 %]

Valeur ajoutée brute (2012)(2)
par branche d'activité (%)

Transports

- Autoroutes (2011) : **50 km**
- Routes nationales (2011) : **1 011 km**
- Réseau ferré (2013) : **1 148 km**
- Trafic aérien (2013) : **1 915** (1)

(1) Milliers de passagers par an

Tourisme

- Hôtels homologués (2013) : **893**
- Campings classés (2013) : **834**

Les chiffres rouges rappellent la moyenne nationale.
(1) et (2) : voir glossaire en fin d'ouvrage

LE CENTRE

Spécialités culinaires et produits

Vins (touraine, chinon, bourgueil, St-Nicolas-de-Bourgueil, vouvray, sancerre), fromages (selles-sur-Cher, crottin de Chavignol, lentille verte du Berry, asperge de Sologne, prasline de Montargis, pithiviers, gibiers et poissons de Sologne, miel du Gâtinais

Drapeau de la région

Logo de la région

Région Centre

Autres grands sites touristiques

Châteaux : Beaugency, Châteaudun, Chamerolles, Bellegarde ;
édifices religieux : abbaye de la Trinité de Vendôme, abbaye St-Florentin de Bonneval ;
villages : Yèvre-le-Châtel, Montrésor, Apremont-sur-Allier, crissay-sur-Manse

Généralités

Autre nom : **Centre-Val-de-Loire**

Préfecture régionale : **Orléans**

Superficie : **39 151 km^2** [7,2 %]

Population (2013) : **2 572 900** [4,0 %]

Densité (hab./km^2) (2013) : **65** [116]

Variation relative moyenne (2006-2013) : **0,3 %** [0,5 %]

Nombre de communes (2013) : **1 841**

Nombre de cantons (2013) : **198**

Président de région (2013) : ***François Bonneau***

Les départements

Cher (18)

- Population (2013) : 310 370
- Habitants : ***les Berrichons***
- Préfecture : **Bourges *(les Berruyers)***
- Sous-préfectures : Vierzon, St-Amand-Montrond

Eure-et-Loir (28)

- Population (2013) : 434 711
- Habitants : ***les Euréliens***
- Préfecture : **Chartres *(les Chartrains)***
- Sous-préfectures : Châteaudun, Dreux, Nogent-le-Rotrou

Indre (36)

- Population (2013) : 229 015
- Habitants : ***les Indriens***
- Préfecture : **Châteauroux *(les Castelroussins)***
- Sous-préfectures : Le Blanc, La Châtre, Issoudun

Indre-et-Loire (37)

- Population (2013) : 598 872
- Habitants : ***les Tourangeaux***
- Préfecture : **Tours *(les Tourangeaux)***
- Sous-préfectures : Chinon, Loches

Loir-et-Cher (41)

- Population (2013) : 334 319
- Habitants : ***les Loir-et-Chériens***
- Préfecture : **Blois *(les Blésois)***
- Sous-préfectures : Vendôme, Romorantin-Lanthenay

Loiret (45)

- Population (2013) : 665 644
- Habitants : ***les Loiretains***
- Préfecture : **Orléans *(les Orléanais)***
- Sous-préfectures : Montargis, Pithiviers

Population des principales agglomérations (2010)

Tours : 346 105
Orléans : 269 724
Chartres : 88 474
Bourges : 82 373
Châteauroux : 85 674
Blois : 66 752

En **gras**, population des préfectures

Démographie

- Part des moins de 20 ans (2013) : **24 %** [24,4 %]
- Part des plus de 75 ans (2013) : **10,4 %** [9,1 %]
- Accroissement naturel (2006-2013) : **0,2 %** [0,4 %]
- Population étrangère (2010) : **4,2 %** [5,9 %]
- Taux de natalité (2012) : **11,7 ‰** [12,4 %]
- Taux de mortalité (2012) : **9,7 ‰** [8,8 %]
- Espérance de vie à la naissance (2012) :
  femmes : **84,9** [84,9]
  hommes : **78,5** [78,5]

Economie

Emploi

- Taux de chômage (2013) : **9,4 %** [9,9 %]
- Allocataires au RSA (2012) : **5,8 %** [6,6 %]

Niveau de vie

- Niveau de vie médian des ménages (2011) : **19 514 €** [19 547 €]
- Revenu fiscal médian déclaré par les ménages (2011) : **19 211 €** [19 218 €]
- Part des ménages propriétaires (2010) : **63,6 %** [57,8%]

Puissance économique régionale

Créations d'entreprises (2013)(1)

- Nombre de création d'entreprises : 15 166 [520 997]
- Part du total France métropolitaine : 2,8 % [96,8%]
- Taux de création : 13,4 % [14,4 %]

Valeur ajoutée brute (2012)(2)
par branche d'activité (%)

Transports

- Autoroutes (2011) : **983 km**
- Routes nationales (2011) : **1 011 km**
- Réseau ferré (2013) : **2 088 km**
- Trafic aérien (2013) : **186** (1)

(1) Milliers de passagers par an

Tourisme

- Hôtels homologués (2013) : **649**
- Campings classés (2013) : **232**

Spécialités agricoles

Céréales (orge, colza), vins, betterave à sucre

Spécialités industrielles

Fonderie et travail des métaux, industries textiles et habillement, industrie du verre, industries agro-alimentaires

Les chiffres rouges rappellent la moyenne nationale. **(1) et (2)** : voir glossaire en fin d'ouvrage

LA CHAMPAGNE-ARDENNE

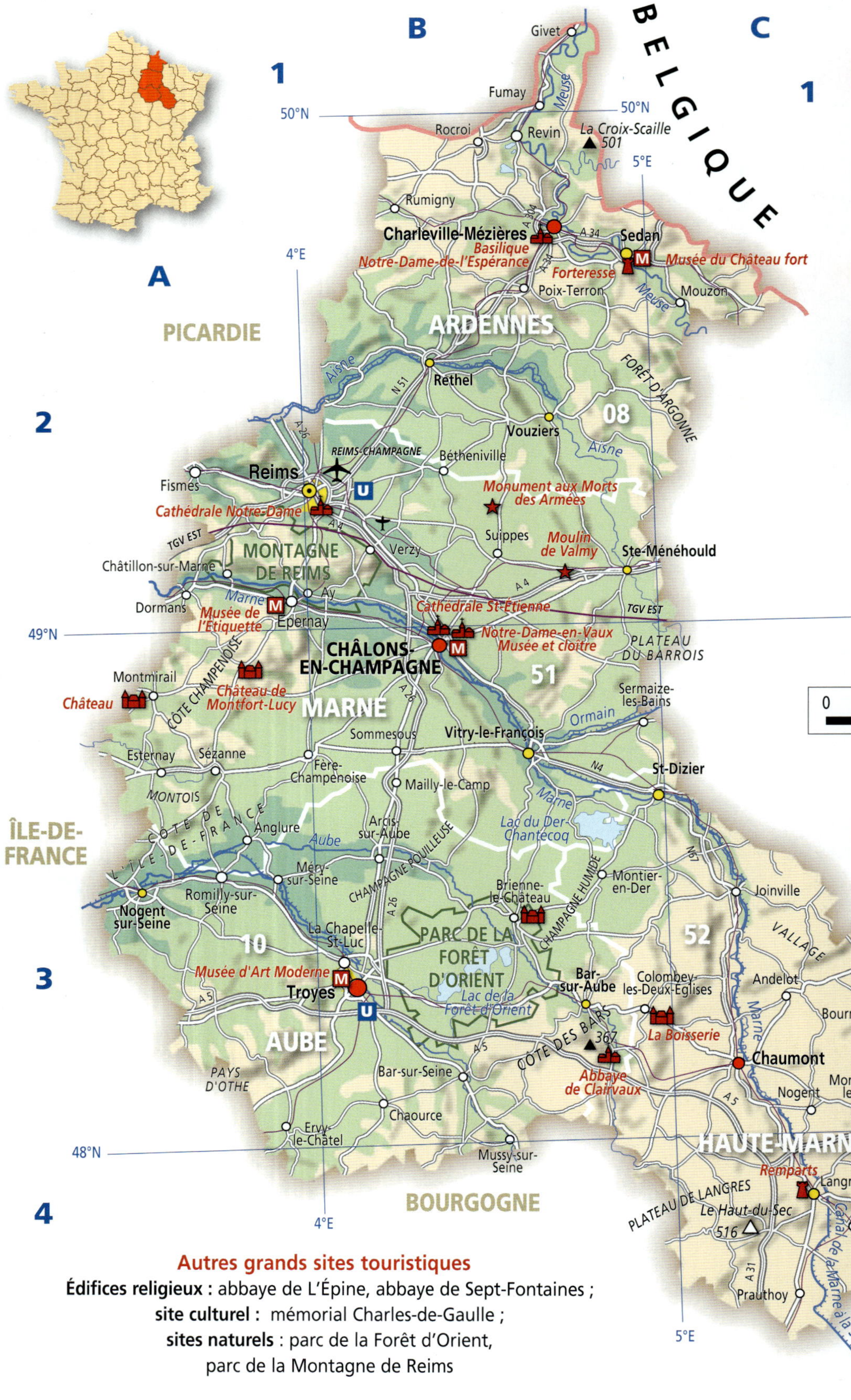

Logo de la région

Drapeau de la région

Autres grands sites touristiques

Édifices religieux : abbaye de L'Épine, abbaye de Sept-Fontaines ;
site culturel : mémorial Charles-de-Gaulle ;
sites naturels : parc de la Forêt d'Orient, parc de la Montagne de Reims

Généralités

Habitants : ***les Champardenais***

Préfecture régionale : **Châlons-en-Champagne**

Superficie : **25 606 km²** [4,7 %]

Population (2013) : **1 333 500** [2,1 %]

Densité (hab./km²) (2013) : **52** [116]

Variation relative moyenne (2006-2013) : **-0,1%** [0,5 %]

Nombre de communes (2013) : **1 954**

Nombre de cantons (2013) : **146**

Président de région (2013) : ***Jean-Paul Bachy***

Les départements

Ardennes (08)

- Population (2013) : 281 866
- Habitants : ***les Ardennais***
- Préfecture : **Charleville-Mézières *(les Carolomacériens)***
- Sous-préfectures : Rethel, Sedan, Vouziers

Aube (10)

- Population (2013) : 305 485
- Habitants : ***les Aubois***
- Préfecture : **Troyes *(les Troyens)***
- Sous-préfectures : Bar-sur-Aube, Nogent-sur-Seine

Marne (51)

- Population (2013) : 566 417
- Habitants : ***les Marnais***
- Préfecture : **Châlons-en-Champagne *(les Châlonnais)***
- Sous-préfectures : Épernay, Reims, Ste-Menehould, Vitry-le-François

Haute-Marne (52)

- Population (2013) : 179 729
- Habitants : ***les Hauts-Marnais***
- Préfecture : **Chaumont *(les Chaumontais)***
- Sous-préfectures : Langres, St-Dizier

Population des principales agglomérations (2010)

Reims : 208 639
Troyes : 132 751
Charleville-Mézières : 61 179
Châlons-en-Champagne : 45 153
St-Dizier : 24 825*
Chaumont : 22 705

En **gras**, population des préfectures,
* population communale.

Démographie

- Part des moins de 20 ans (2013) : **24,1 %** [24,4 %]
- Part des plus de 75 ans (2013) : **9,3 %** [9,1 %]
- Accroissement naturel (2006-2013) : **0,2 %** [0,4 %]
- Population étrangère (2010) : **3,8 %** [5,9 %]
- Taux de natalité (2012) : **11,6 ‰** [12,4 %]
- Taux de mortalité (2012) : **9,7 ‰** [8,8 %]
- Espérance de vie à la naissance (2012) :
  femmes : **83,8** [84,9]
  hommes : **77,2** [78,5]

Economie

Emploi

- Taux de chômage (2013) : **10,9 %** [9,9 %]
- Allocataires au RSA (2012) : **7,3 %** [6,6 %]

Niveau de vie

- Niveau de vie médian des ménages (2011) : **18 645 €** [19 547 €]
- Revenu fiscal médian déclaré par les ménages (2011) : **18 228 €** [19 218 €]
- Part des ménages propriétaires (2010) : **56,5 %** [57,8%]

Puissance économique régional

Créations d'entreprises (2013)(1)

- Nombre de création d'entreprises : 7 771 [520 997]
- Part du total France métropolitaine : 1,4 % [96,8%]
- Taux de création : 13,9 % [14,4 %]

Valeur ajoutée brute (2012)(2)
par branche d'activité (%)

Transports

- Autoroutes (2011) : **516 km**
- Routes nationales (2011) : **438 km**
- Réseau ferré (2013) : **1 505 km**
- Trafic aérien (2013) : **101** (1)

(1) Milliers de passagers par an

Tourisme

- Hôtels homologués (2013) : **302**
- Campings classés (2013) : **90**

Spécialités agricoles

Vins, bovins, céréales

Spécialités industrielles

Transformation de l'acier, parachimie, caoutchouc et matières plastiques, biens d'équipements ménagers

Spécialités culinaires et produits

Vins (côte de Nuits, côte de Beaune, côte châlonnaise), moutarde, fromage (époisses), viandes du Charolais, jambon cru du Morvan, pain d'épice

Les chiffres **rouges** rappellent la moyenne nationale. **(1) et (2)** : voir glossaire en fin d'ouvrage

LA CORSE

Logo de la région

Collectivité Territoriale de Corse

Drapeau de la région

Généralités

Habitants : ***les Corses***

Préfecture régionale : **Ajaccio**

Superficie : **8 680 km²** [1,6 %]

Population (2013) : **322 100** [0,5 %]

Densité (hab./km²) (2013) : **37** [116]

Variation relative annuelle (2006-2013) : **1,3 %** [0,5 %]

Nombre de communes (2013) : **360**

Nombre de cantons (2013) : **52**

Président de région (2013) : ***Paul Giacobbi***

Les départements

Corse-du-Sud (2A)

- Population (2013) : 149 013
- Habitants : ***les Corses***
- Préfecture : **Ajaccio** ***(les Ajacciens)***
- Sous-préfecture : Sartène

Haute-Corse (2B)

- Population (2013) : 173 107
- Habitants : ***les Corses***
- Préfecture : **Bastia** ***(les Bastiais)***
- Sous-préfectures : Calvi, Corte

Population des principales agglomérations (2010)

Ajaccio : 66 809*
Bastia : 42 912*
Porto-Vecchio : 10 957*
Borgo : 7 742*
Calvi : 5 598*

En **gras**, population des préfectures,
* population communale.

Démographie

- Part des moins de 20 ans (2013) : **20,6 %** [24,4 %]
- Part des 40 à 59 ans (2013) : **28 %** [26,8 %]
- Part des plus de 75 ans (2013) : **10,1 %** [9,1 %]
- Accroissement naturel (2006-2013) : **0,0 %** [0,4 %]
- Part de la population étrangère (2010) : **8,5 %** [5,9 %]
- Taux de natalité (2012) : **9,4 ‰** [12,4 %]
- Taux de mortalité (2012) : **9,1 ‰** [8,8 %]
- Espérance de vie à la naissance (2012) :
  femmes : **85,4** [84,9]
  hommes : **79,8** [78,5]

Economie

Emploi

- Taux de chômage (2013) : **9,9 %** [9,9 %]
- Allocataires au RSA (2012) : **4,4 %** [6,6 %]

Niveau de vie

- Niveau de vie médian des ménages (2011) : **18 088 €** [19 547 €]
- Revenu fiscal médian déclaré par les ménages (2011) : **17 659 €** [19 218 €]
- Part des ménages propriétaires (2010) : **54,9 %** [57,8%]

Puissance économique régionale

Créations d'entreprises (2013)(1)

- Nombre de création d'entreprises : 3 719 [520 997]
- Part du total France métropolitaine : 0,7 % [96,8%]
- Taux de création : 12,7 % [14,4 %]

Valeur ajoutée brute (2012)(2)
par branche d'activité (%)

Transports

- Autoroutes (2011) : **0 km**
- Routes nationales (2011) : **576 km**
- Réseau ferré (2013) : **232 km**
- Trafic aérien (2013) : **3 224** (1)

(1) Milliers de passagers par an

Tourisme

- Hôtels homologués (2013) : **377**
- Campings classés (2013) : **131**

Spécialités agricoles

Vins, agrumes, fruitiers, oléiculture, castanéiculture

Spécialités industrielles

Industrie agro-alimentaire, bâtiment et génie civil

Spécialités culinaires et produits

Fromages (brocciu, fromages de brebis et de chèvre), vins (patrimonio, ajaccio, muscat du cap Corse), charcuterie (coppa, figatellu, lonzu), châtaigne, myrte, cédrat, miel

Autres grands sites touristiques

Sites naturels : Cap Corse, golfe de Porto, aiguilles de Bavella, îles Lavezzi, gorges de la Restonica, calanques de Oiana ;
sites religieux : église de San Michele de Murato ;
site culturel : site préhistorique de Filitosa

Les chiffres rouges rappellent la moyenne nationale.
(1) et (2) : voir glossaire en fin d'ouvrage

LA FRANCHE-COMTÉ

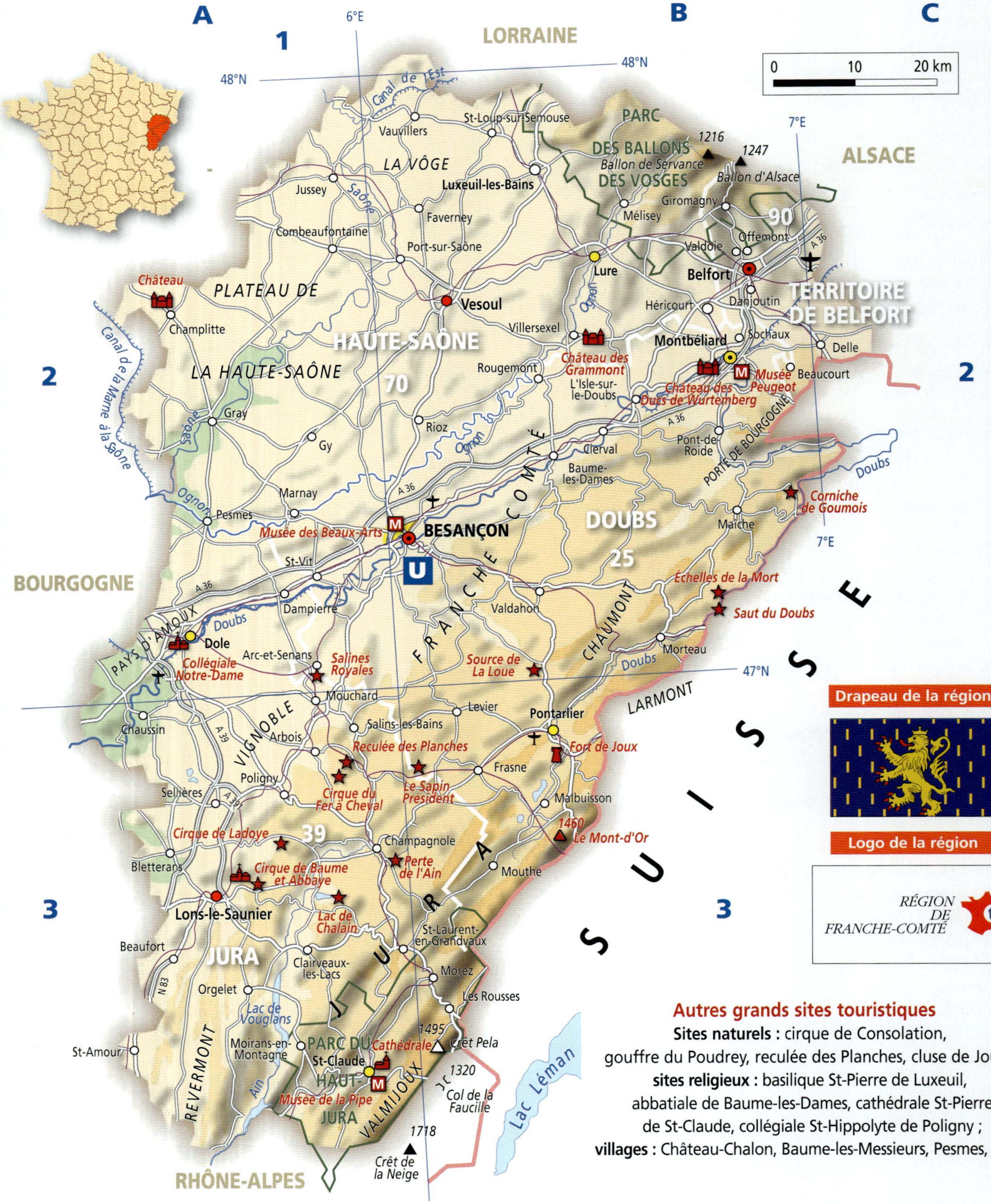

Drapeau de la région
Logo de la région

RÉGION DE FRANCHE-COMTÉ

Autres grands sites touristiques

Sites naturels : cirque de Consolation, gouffre du Poudrey, reculée des Planches, cluse de Joux ; **sites religieux :** basilique St-Pierre de Luxeuil, abbatiale de Baume-les-Dames, cathédrale St-Pierre de St-Claude, collégiale St-Hippolyte de Poligny ; **villages :** Château-Chalon, Baume-les-Messieurs, Pesmes, Lod

Généralités

Habitants : ***les Francs-Comtois***

Préfecture régionale : **Besançon**

Superficie : **16 202 km²** [3 %]

Population (2013) : **1 177 900** [1,8 %]

Densité (hab./km²) (2013) : **72** [116]

Variation relative moyenne (2006-2013) : **0,3 %** [0,5 %]

Nombre de communes (2013) : **1 785**

Nombre de cantons (2013) : **116**

Président de région (2013) : ***Marie-Marguerite Dufay***

Les départements

Doubs (25)

- Population (2013) : 494 385
- Habitants : *les Doubiens*
- Préfecture : **Besançon** ***(les Bisontins)***
- Sous-préfectures : Montbéliard, Pontarlier

Jura (39)

- Population (2013) : 261 174
- Habitants : *les Jurassiens*
- Préfecture : **Lons-le-Saulnier** ***(les Lédoniens)***
- Sous-préfectures : Dole, St-Claude

Haute-Saône (70)

- Population (2013) : 240 160
- Habitants : *les Hauts-Saônois*
- Préfecture : **Vesoul** ***(les Vésuliens)***
- Sous-préfecture : Lure

Territoire-de-Belfort (90)

- Population (2013) : 144 023
- Habitants : *les Terrifortains*
- Préfecture : **Belfort** ***(les Belfortains)***
- Sous-préfecture : aucune

Population des principales agglomérations (2010)

Besançon : 135 050
Belfort : 81 167
Dole : 24 009*
Pontarlier : 17 998*
Lons-le-Saunier : 17 496*
Vesoul : 15 623*
Montbéliard : 108 502

En **gras**, population des préfectures, * population communale.

Démographie

- Part des moins de 20 ans (2013) : **24,5 %** [24,4 %]
- Part des plus de 75 ans (2013) : **9,3 %** [9,1 %]
- Accroissement naturel (2006-2013) : **0,4 %** [0,4 %]
- Population étrangère (2010) : **4,4 %** [5,9 %]
- Taux de natalité (2012) : **11,8 ‰** [12,4 %]
- Taux de mortalité (2012) : **9 ‰** [8,8 %]
- Espérance de vie à la naissance (2012) :
  femmes : **84,5** [84,9]
  hommes : **78,3** [78,5]

Economie

Emploi

- Taux de chômage (2013) : **9,3 %** [9,9 %]
- Allocataires au RSA (2012) : **5,5 %** [6,6 %]

Niveau de vie

- Niveau de vie médian des ménages (2011) : **19 364 €** [19 547 €]
- Revenu fiscal médian déclaré par les ménages (2011) : **19 012 €** [19 218 €]
- Part des ménages propriétaires (2010) : **61,1 %** [57,8%]

Puissance économique régionale

Créations d'entreprises (2013)(1)

- Nombre de création d'entreprises : 7 235 [520 997]
- Part du total France métropolitaine : 1,3 % [96,8%]
- Taux de création : 13,8 % [14,4 %]

Valeur ajoutée brute (2012)(2) par branche d'activité (%)

Transports

- Autoroutes (2011) : **218 km**
- Routes nationales (2011) : **427 km**
- Réseau ferré (2013) : **939 km**
- Trafic aérien (2013) : **81** (1)

(1) Milliers de passagers par an

Tourisme

- Hôtels homologués (2013) : **289**
- Campings classés (2013) : **112**

Spécialités agricoles

Bovins, lait

Spécialités industrielles

Industrie automobile, matériels de transport terrestre, construction mécanique, fonderie, travail des métaux

Spécialités culinaires et produits

Fromages (comté, mont-d'or, morbier, cancoillote), apéritifs (pontarlier, macvin, crémant), vins (arbois, château-chalon, vin jaune), saucisses (morteau, montbéliard), miel

Les chiffres rouges rappellent la moyenne nationale.
(1) et (2) : voir glossaire en fin d'ouvrage

L'ÎLE-DE-FRANCE

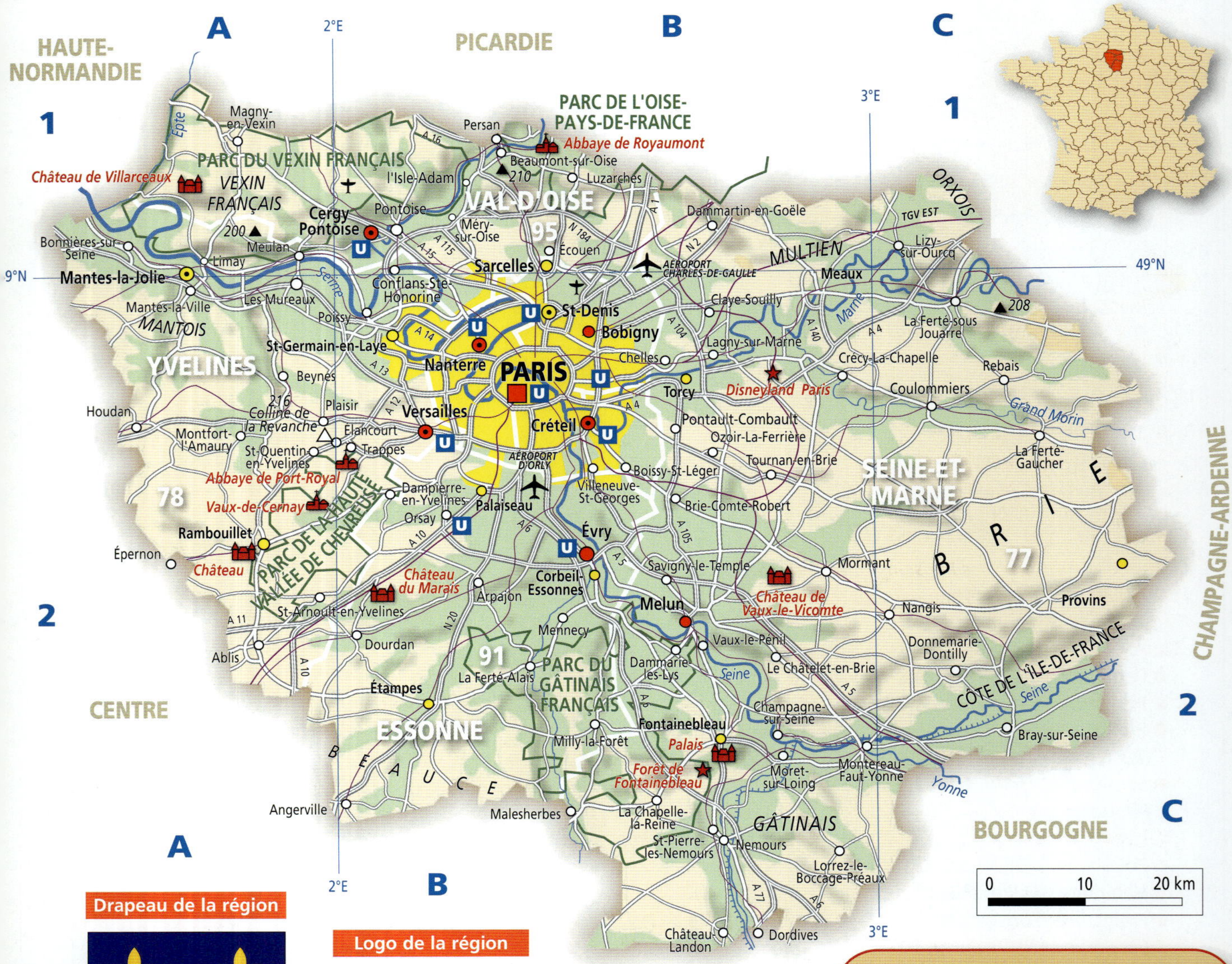

Drapeau de la région

Logo de la région

île de France

Généralités

Habitants : ***les Franciliens***

Préfecture régionale : **Paris**

Superficie : **12 011 km²** [2,2 %]

Population (2013) : **11 978 400** [18,8 %]

Densité (hab./km²) (2013) : **993** [116]

Variation relative moyenne (2006-2013) : **0,5 %** [0,5 %]

Nombre de communes (2013) : **1 281**

Nombre de cantons (2013) : **317**

Président de région (2013) : ***Jean-Paul Huchon***

Autres grands sites touristiques

Ville de Paris et région parisienne (voir pages 24-25) ; **châteaux :** Maisons Laffitte, Écouen, Courances, Courson, Coulommiers ; **sites religieux :** collégiale St-Martin de Blandy, collégiale Notre-Dame de Mantes-la-Jolie ; **sites naturels :** forêt de Montmorency, forêt de l'Isle-Adam, forêt de Sénart, forêts de Marly et de St-Germain-en-Laye, vallée de Chevreuse, parc de la Vallée aux Loups

Spécialités culinaires et produits

Fromages (brie de Meaux, brie de Melun, coulommiers), champignon de Paris, asperge d'Argenteuil, cerise de Montmorency, cresson de Méréville, agneau d'Île-de-France, lapin du Gâtinais, volaille d'Houdan, moutarde de Meaux, Grand Marnier, noyau de Poissy, macaron, saint-honoré, Paris-Brest, tarte bourdaloue, miel du Gâtinais

Les départements

Essonne (91)
- Population (2013) : 1 238 230
- Habitants : ***les Essonniens***
- Préfecture : **Évry *(les Évryens)***
- Sous-préfectures : Étampes, Palaiseau

Hauts-de-Seine (92)
- Population (2013) : 1 602 043
- Habitants : ***les Alto-Séquanais***
- Préfecture : **Nanterre *(les Nanterriens)***
- Sous-préfectures : Antony, Boulogne-Billancourt

Paris (75)
- Population (2013) : 2 273 305
- Habitants : ***les Parisiens***
- Préfecture : **Paris *(les Parisiens)***
- Sous-préfecture : aucune

Seine-et-Marne (77)
- Population (2013) : 1 361 739
- Habitants : ***les Seine-et-Marnais***
- Préfecture : **Melun *(les Melunais)***
- Sous-préfectures : Fontainebleau, Meaux, Provins, Torcy

Seine-St-Denis (93)
- Population (2013) : 1 545 357
- Habitants : ***les Séquano-Dyonisiens***
- Préfecture : **Bobigny *(les Balbyniens)***
- Sous-préfectures : Le Raincy, St-Denis

Val-de-Marne (94)
- Population (2013) : 1 348 290
- Habitants : ***les Val-de-Marnais***
- Préfecture : **Créteil *(les Cristoliens)***
- Sous-préfectures : L'Häy-les-Roses, Nogent-sur-Marne

Val-d'Oise (95)
- Population (2013) : 1 191 214
- Habitants : ***les Val-d'Oisiens***
- Préfecture : **Cergy-Pontoise *(les Cergyssois)***
- Sous-préfectures : Argenteuil, Pontoise, Sarcelles

Yvelines (78)
- Population (2013) : 1 418 185
- Habitants : ***les Yvelinois***
- Préfecture : **Versailles *(les Versaillais)***
- Sous-préfectures : Mantes-la-Jolie, Rambouillet, St-Germain-en-Laye

Population des principales agglomérations (2010)

Paris : 2 249 975*
Boulogne-Bill. : 116 220*
St-Denis : 107 762*
Nanterre : 89 476*
Créteil : 90 528*
Versailles : 86 307*
Cergy-Pontoise : 197 187
Évry : 52 184*
Bobigny : 47 224*
Melun : 39 497*

En **gras**, population des préfectures,
* population communale.

Démographie

- Part des moins de 20 ans (2013) : **25,8 %** [24,4 %]
- Part des plus de 75 ans (2013) : **6,6 %** [9,1 %]
- Accroissement naturel (2006-2013) : **0,9 %** [0,4 %]
- Population étrangère (2010) : **12,6 %** [5,9 %]
- Taux de natalité (2012) : **15,2 ‰** [12,4 %]
- Taux de mortalité (2012) : **6,1 ‰** [8,8 %]
- Espérance de vie à la naissance (2012) :
  femmes : **85,5** [84,9]
  hommes : **80,1** [78,5]

Economie

Emploi
- Taux de chômage (2013) : **8,7 %** [9,9 %]
- Allocataires au RSA (2012) : **6,2 %** [6,6 %]

Niveau de vie
- Niveau de vie médian des ménages (2011) : **22 152 €** [19 547 €]
- Revenu fiscal médian déclaré par les ménages (2011) : **22 243 €** [19 218 €]
- Part des ménages propriétaires (2010) : **47,6 %** [57,8%]

Puissance économique régionale

Créations d'entreprises (2013)(1)

- Nombre de création d'entreprises : 133 564 [520 997]
- Part du total France métropolitaine : 24,8 % [96,8%]
- Taux de création : 15 % [14,4 %]

Valeur ajoutée brute (2012)(2)
par branche d'activité (%)

Transports
- Autoroutes (2011) : **605 km**
- Routes nationales (2011) : **497 km**
- Réseau ferré (2013) : **1 823 km**
- Trafic aérien (2013) : **90 257** (1)

(1) Milliers de passagers par an

Tourisme
- Hôtels homologués (2013) : **2 371**
- Campings classés (2013) : **95**

Spécialités agricoles
Céréales

Spécialités industrielles
Équipements électriques et électroniques ménagers, imprimerie-presse-édition, industrie automobile, construction mécanique, parachimie et industrie pharmaceutique, aéronautique et industries de défense

Les chiffres rouges rappellent la moyenne nationale.
(1) et (2) : voir glossaire en fin d'ouvrage

L'ÎLE-DE-FRANCE : la région parisienne

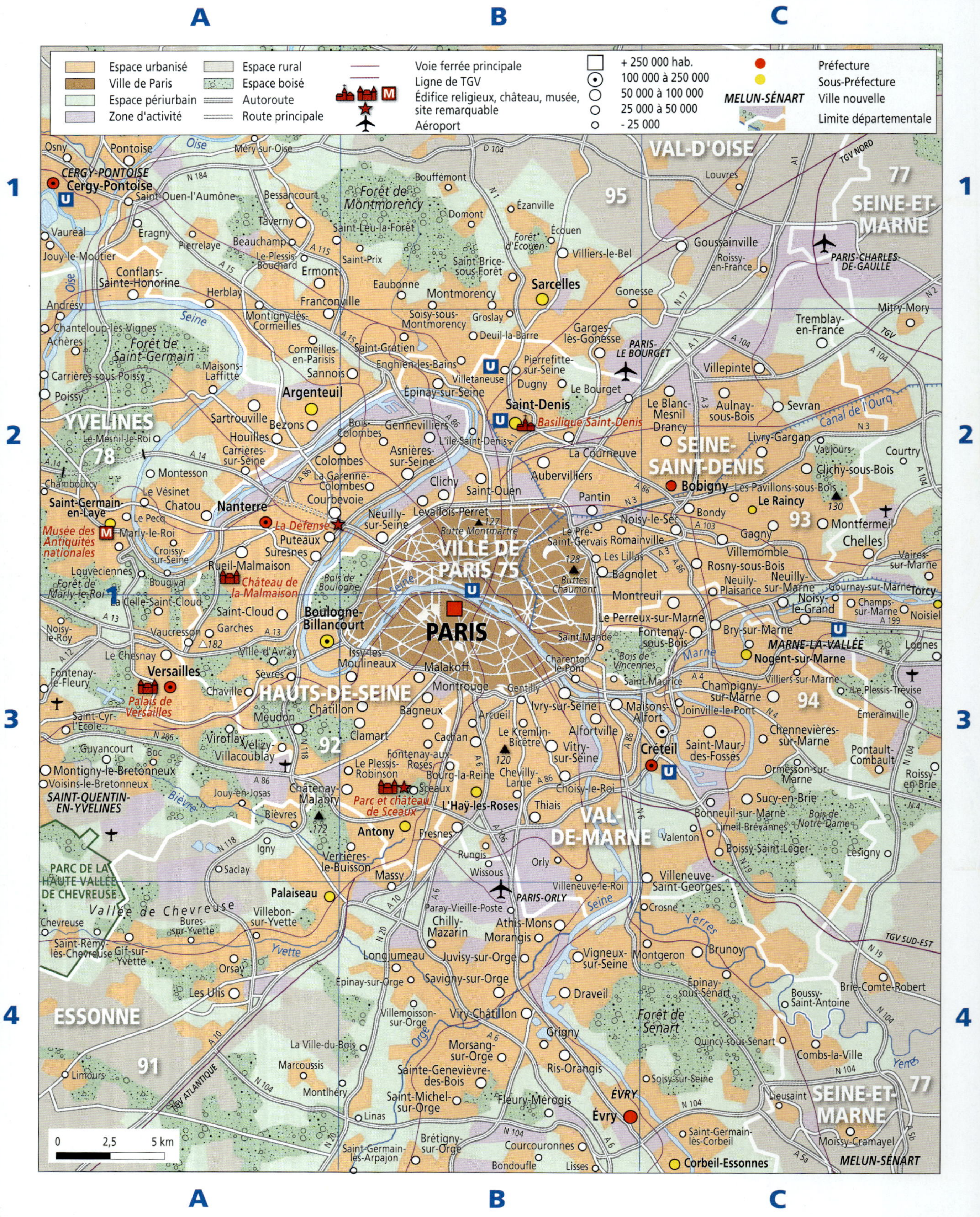

La ville de Paris : grands sites touristiques

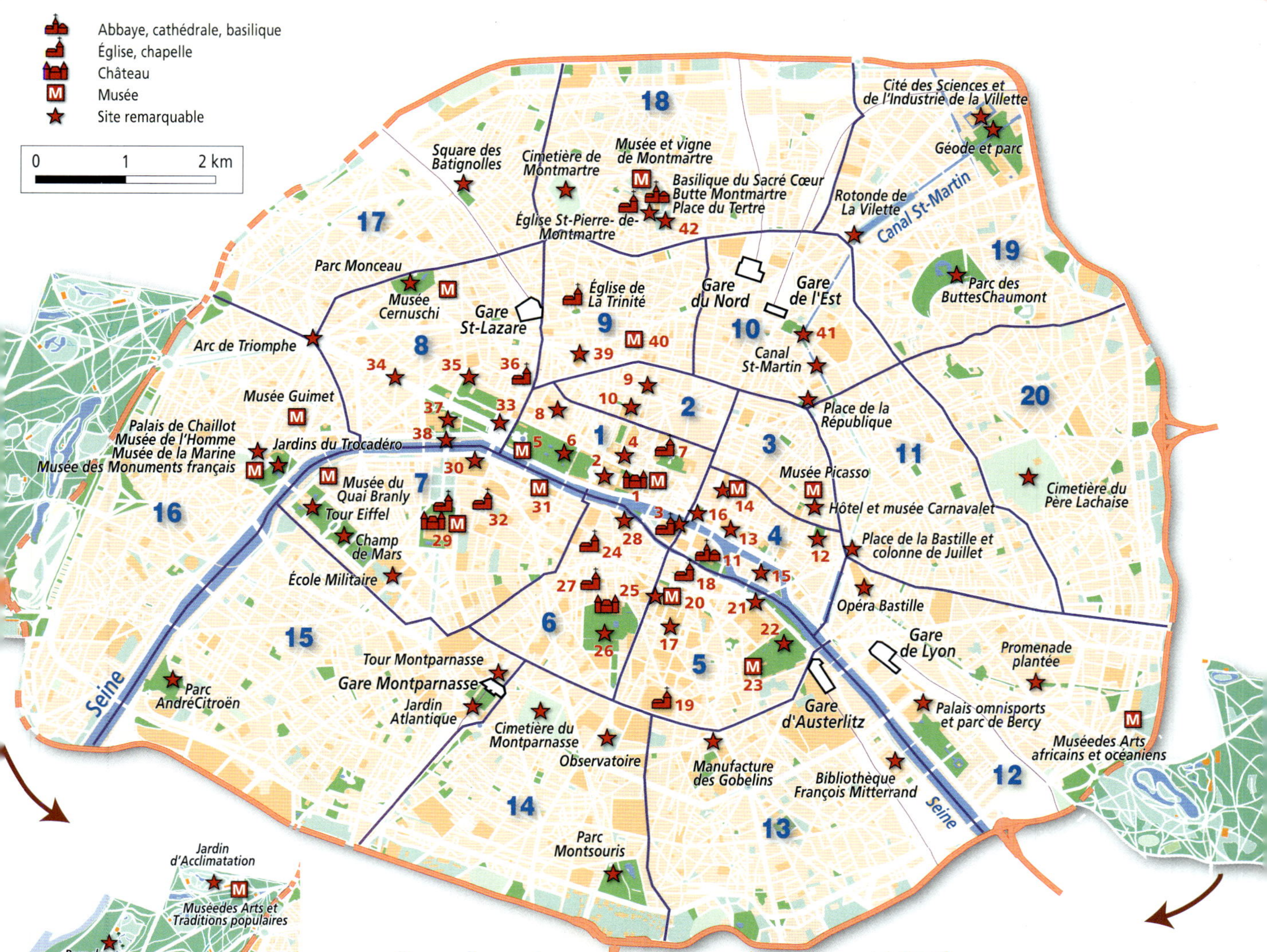

Grands sites touristiques : détails

1er arrondissement
1 Palais du Louvre et musée du Louvre
2 Pyramide du Louvre et arc de Triomphe du Carrousel
3 Ste-Chapelle et Conciergerie
4 Palais-Royal
5 Musée de l'Orangerie
6 Jardin des Tuileries
7 Église St-Eustache
8 Place Vendôme

2e arrondissement
9 Bourse
10 Bibliothèque Nationale

4e arrondissement
11 Cathédrale Notre-Dame
12 Place des Vosges
13 Hôtel de Ville
14 Centre Pompidou et musée d'Art moderne
15 Île St-Louis
16 Tour St-Jacques

5e arrondissement
17 Panthéon
18 Église St-Séverin-St-Nicolas
19 Église N.-D.-du-Val-de-Grâce
20 Hôtel de Cluny et musée du Moyen Âge
21 Institut du Monde arabe
22 Jardin des Plantes
23 Muséum national d'histoire naturelle

6e arrondissement
24 Église de St-Germain-des-Prés
25 Palais du Luxembourg (Sénat)
26 Jardin du Luxembourg
27 Église St-Sulpice
28 Institut de France (Académie française)

7e arrondissement
29 Hôtel des Invalides, dôme des Invalides et musée de l'Armée
30 Palais Bourbon (Assemblée nationale)
31 Musée d'Orsay
32 Église Ste-Clotilde

8e arrondissement
33 Place de la Concorde et obélisque
34 Avenue des Champs-Élysées
35 Palais de l'Élysée
36 Place et église de la Madeleine
37 Grand Palais, musée de la Découverte et Petit Palais
38 Pont Alexandre III

9e arrondissement
39 Opéra Garnier
40 Musée Grévin

10e arrondissement
41 Façade de l'hôtel de Nord

18e arrondissement
42 Funiculaire

LE LANGUEDOC-ROUSSILLON

Logo de la région

la Région Languedoc Roussillon

Drapeau de la région

Spécialités culinaires et produits

Huîtres de Bouzigues, tielle sétoise, viande taureau de Camargue, riz de Camargue, huile d'olive, abricot, vins (languedoc, corbières, côtes-du-Roussillon, costières de Nîmes, fitou, tavel, banyuls, maury, rivesaltes), fromages (pélardon, bleu des Causses), miels de Lozère, grisette de Montpellier

Autres grands sites touristiques

Villages : St-Guilhem-le-Désert, Aigues-Mortes, Ste-Énimie, La Roque-sur-Cèze, Olargues, Minerve, Lagrasse, Mosset, Eus, Castelnou, Villefranche-de-Conflent, Evol, Collioure ; **sites culturels :** cité de Carcassonne, musée Favre de Montpellier, musée des Beaux-Arts de Béziers, musée de la Préhistoire de Tautavel ; **sites naturels :** grotte de Clamouse, pic du Canigou, pic St-Loup ; **châteaux :** Beaucaire, Salses, Collioure, Castries, palais des rois de Majorque de Perpignan ; **sites religieux :** abbatiale de St-Gilles, abbaye de Valmagne, abbaye de Lagrasse

Généralités

Habitants : ***les Languedociens***

Préfecture régionale : **Montpellier**

Superficie : **27 376 km²** [5,1 %]

Population (2013) : **2 727 300** [4,1 %]

Densité (hab./km²) (2013) : **98** [116]

Variation relative moyenne (2006-2013) : **1,1 %** [0,5 %]

Nombre de communes (2013) : **1 545**

Nombre de cantons (2013) : **186**

Président de région (2013) : ***Christian Bourquin***

Les départements

Aude (11)

- Population (2013) : 366 604
- Habitants : ***les Audois***
- Préfecture : **Carcassonne** ***(les Carcassonnais)***
- Sous-préfectures : Limoux, Narbonne

Gard (30)

- Population (2013) : 733 747
- Habitants : ***les Gardois***
- Préfecture : **Nîmes *(les Nîmois)***
- Sous-préfectures : Alès, Le Vigan

Hérault (34)

- Population (2013) : 1 090 052
- Habitants : ***les Héraultais***
- Préfecture : **Montpellier** ***(les Montpelliérains)***
- Sous-préfectures : Béziers, Lodève

Lozère (48)

- Population (2013) : 77 085
- Habitants : ***les Lozériens***
- Préfecture : **Mende *(les Mendois)***
- Sous-préfecture : Florac

Pyrénées-Orientales (66)

- Population (2013) : 459 798
- Habitants : ***les Catalans***
- Préfecture : **Perpignan** ***(les Perpignanais)***
- Sous-préfectures : Céret, Prades

Population des principales agglomérations (2010)

Montpellier : 390 962
Perpignan : 190 668
Nîmes : 175 503
Carcassonne : 47 268*
Béziers : 84 716
Narbonne : 51 546*
Mende : 12 163*

En **gras**, population des préfectures,
* population communale.

Démographie

- Part des moins de 20 ans (2013) : **23,2 %** [24,4 %]
- Part des plus de 75 ans (2013) : **10,4 %** [9,1 %]
- Accroissement naturel (2006-2013) : **0,2 %** [0,4 %]
- Population étrangère (2010) : **5,7 %** [5,9 %]
- Taux de natalité (2012) : **11,2 ‰** [12,4 %]
- Taux de mortalité (2012) : **9,9 ‰** [8,8 %]
- Espérance de vie à la naissance (2012) :
  femmes : **84,6** [84,9]
  hommes : **78,5** [78,5]

Economie

Emploi

- Taux de chômage (2013) : **14,4 %** [9,9 %]
- Allocataires au RSA (2012) : **9,9 %** [6,6 %]

Niveau de vie

- Niveau de vie médian des ménages (2011) : **17 911 €** [19 547 €]
- Revenu fiscal médian déclaré par les ménages (2011) : **17 265 €** [19 218 €]
- Part des ménages propriétaires (2010) : **58,5 %** [57,8%]

Puissance économique régionale

Créations d'entreprises (2013)(1)

- Nombre de création d'entreprises : 29 122 [520 997]
- Part du total France métropolitaine : 5,4 % [96,8%]
- Taux de création : 16,2 % [14,4 %]

Valeur ajoutée brute (2012)(2) par branche d'activité (%)

Transports

- Autoroutes (2011) : **561 km**
- Routes nationales (2011) : **464 km**
- Réseau ferré (2013) : **1 278 km**
- Trafic aérien (2013) : **2 643** (1)

(1) Milliers de passagers par an

Tourisme

- Hôtels homologués (2013) : **915**
- Campings classés (2013) : **890**

Spécialités agricoles

Vins, fruits, légumes

Spécialités industrielles

Métallurgie, commerce de gros alimentaire, industrie du verre, textile et habillement, construction électrique et électronique

Pêches et cultures marines

Sardines, maquereaux, huîtres creuses et plates, moules et mollusques

Les chiffres rouges rappellent la moyenne nationale. **(1) et (2)** : voir glossaire en fin d'ouvrage

LE LIMOUSIN

Logo de la région

Drapeau de la région

Généralités

Habitants : ***les Limousins***

Préfecture régionale : **Limoges**

Superficie : **16 942 km²** [3,1 %]

Population (2013) : **741 000** [1,2 %]

Densité (hab./km²) (2013) : **44** [116]

Variation relative moyenne (2006-2013) : **0,2 %** [0,5 %]

Nombre de communes (2013) : **747**

Nombre de cantons (2013) : **106**

Président de région (2013) : ***Jean-Paul Denanot***

Démographie

- Part des moins de 20 ans (2013) : **20,7 %** [24,4 %]
- Part des plus de 75 ans (2013) : **13 %** [9,1 %]
- Accroissement naturel (2006-2013) : **-0,2 %** [0,4 %]
- Population étrangère (2010) : **4,4 %** [5,9 %]
- Taux de natalité (2012) : **9,4 ‰** [12,4 %]
- Taux de mortalité (2012) : **12,2 ‰** [8,8 %]
- Espérance de vie à la naissance (2012) :
  femmes : **84,9** [84,9]
  hommes : **78,4** [78,5]

Transports

Valeur ajoutée brute (2012)(2)
par branche d'activité (%)

- Autoroutes (2011) : **274 km**
- Routes nationales (2011) : **258 km**
- Réseau ferré (2013) : **835 km**
- Trafic aérien (2013) : **360** (1)

(1) Milliers de passagers par an

Tourisme

- Hôtels homologués (2013) : **237**
- Campings classés (2013) : **149**

Les départements

Corrèze (19)

- Population (2013) : 241 986
- Habitants : ***les Corréziens***
- Préfecture : **Tulle** ***(les Tullois)***
- Sous-préfectures : Ussel, Brive-la-Gaillarde

Creuse (23)

- Population (2013) : 121 579
- Habitants : ***les Creusois***
- Préfecture : **Guéret** ***(les Guérétois)***
- Sous-préfecture : Aubusson

Haute-Vienne (87)

- Population (2013) : 377 482
- Habitants : ***les Hauts-Viennois***
- Préfecture : **Limoges** ***(les Limougeauds)***
- Sous-préfectures : Bellac, Rochechouart

Population des principales agglomérations (2010)

Limoges : 186 499
Brive-la-Gaillarde : 76 408
Tulle : 14 666*
Guéret : 13 563*
Ussel : 9 948*

En **gras**, population des préfectures,
* population communale.

Economie

Emploi

- Taux de chômage (2013) : **9,2 %** [9,9 %]
- Allocataires au RSA (2012) : **6 %** [6,6 %]

Niveau de vie

- Niveau de vie médian des ménages (2011) : **18 599 €** [19 547 €]
- Revenu fiscal médian déclaré par les ménages (2011) : **18 173 €** [19 218 €]
- Part des ménages propriétaires (2010) : **64,9 %** [57,8%]

Puissance économique régionale

Créations d'entreprises (2013)(1)

- Nombre de création d'entreprises : 4 394 [520 997]
- Part du total France métropolitaine : 0,8 % [96,8%]
- Taux de création : 12,6 % [14,4 %]

Les chiffres rouges rappellent la moyenne nationale.
(1) et (2) : voir glossaire en fin d'ouvrage

Spécialités agricoles

Bovins, ovins

Spécialités industrielles

Matériaux de construction, industrie du carton et du papier, céramique, composants électriques

Spécialités culinaires et produits

Viandes (bœuf et agneau du Limousin), pommes, châtaignes blanchies, clafoutis, fraises, myrtilles, massepain de St-Léonard-de-Noblat, liqueurs, vin de Branceilles

Autres grands sites touristiques

Châteaux : Arnac-Pompadour, Lastours ; **site culturel :** Oradour-sur-Glane ; **villages :** Solignac, Collonges-la-Rouge, Turennes, St-Robert, St-Léonard-de-Noblat, Treignac-sur-Vézère, Ségur-le-Château, Uzerche ; **sites religieux :** Collégiale d'Eymoutiers, cathédrale St-Étienne de Limoges ; **sites naturels :** gorges de la Dordogne et de la Creuse

LA LORRAINE

Logo de la région

Drapeau de la région

Autres grands sites touristiques

Sites culturels : mémorial de Verdun, la Voie Sacrée ; **sites religieux :** basilique de St-Nicolas-de-Port, église St-Nicolas de Neufchâteau ; **villages :** Vittel, Contrexéville, Plombières, St-Quirin, Vaucouleurs, Rodemack ; **site naturel :** parc de Lorraine

Généralités

Habitants : ***les Lorrains***

Préfecture régionale : **Metz**

Superficie : **23 542 km²** [4,3 %]

Population (2013) : **2 350 700** [3,6 %]

Densité (hab./km²) (2013) : **99** [116]

Variation relative moyenne (2006-2013) : **0,1 %** [0,5 %]

Nombre de communes (2013) : **2 338**

Nombre de cantons (2013) : **157**

Président de région (2013) : ***Jean-Pierre Masseret***

Les départements

Meurthe-et-Moselle (54)

- Population (2013) : 735 062
- Habitants : ***les Meurthe-et-Mosellans***
- Préfecture : **Nancy** ***(les Nancéiens)***
- Sous-préfectures : Briey, Toul, Lunéville

Meuse (55)

- Population (2013) : 192 867
- Habitants : ***les Meusiens***
- Préfecture : **Bar-le-Duc** ***(les Barisiens)***
- Sous-préfectures : Commercy, Verdun

Moselle (57)

- Population (2013) : 1 045 810
- Habitants : ***les Mosellans***
- Préfecture : **Metz *(les Messins)***
- Sous-préfectures : Boulay-Moselle, Château-Salins, Forbach, Thionville, Sarrebourg, Sarreguemines

Vosges (88)

- Population (2013) : 376 918
- Habitants : ***les Vosgiens***
- Préfecture : **Épinal** ***(les Spinaliens)***
- Sous-préfectures : Neufchâteau, St-Dié-des-Vosges

Population des principales agglomérations (2010)

Nancy : 286 215
Metz : 288 940
Thionville : 131 738
Forbach : 21 561*
St-Dié-des-Vosges : 21 361*
Épinal : 32 734*
Bar-le-Duc : 15 895*

En **gras**, population des préfectures,
* population communale.

Démographie

- Part des moins de 20 ans (2013) : **23,3 %** [24,4 %]
- Part des plus de 75 ans (2013) : **9 %** [9,1 %]
- Accroissement naturel (2006-2013) : **0,2 %** [0,4 %]
- Population étrangère (2010) : **5,1 %** [5,9 %]
- Taux de natalité (2012) : **11 ‰** [12,4 %]
- Taux de mortalité (2012) : **9,3 ‰** [8,8 %]
- Espérance de vie à la naissance (2012) :
  femmes : **83,7** [84,9]
  hommes : **77,7** [78,5]

Economie

Emploi

- Taux de chômage (2013) : **10,6 %** [9,9 %]
- Allocataires au RSA (2012) : **6,7 %** [6,6 %]

Niveau de vie

- Niveau de vie médian des ménages (2011) : **18 899 €** [19 547 €]
- Revenu fiscal médian déclaré par les ménages (2011) : **18 487 €** [19 218 €]
- Part des ménages propriétaires (2010) : **59,9 %** [57,8%]

Puissance économique régionale

Créations d'entreprises (2013)(1)

- Nombre de création d'entreprises : 13 689 [520 997]
- Part du total France métropolitaine : 2,5 % [96,8%]
- Taux de création : 14,3 % [14,4 %]

Valeur ajoutée brute (2012)(2)
par branche d'activité (%)

Transports

- Autoroutes (2011) : **462 km**
- Routes nationales (2011) : **447 km**
- Réseau ferré (2013) : **1 723 km**
- Trafic aérien (2013) : **241** (1)

(1) Milliers de passagers par an

Tourisme

- Hôtels homologués (2013) : **420**
- Campings classés (2013) : **124**

Spécialités agricoles

Lait, bovins, céréales

Spécialités industrielles

Charbonnages, sidérurgie, biens intermédiaires (produits minéraux), industrie du verre, bois et papier, métallurgie

Spécialités culinaires et produits

Vins (côtes-de-toul, côtes-de-meuse, vins de Moselle), liqueurs (mirabelle et quetsche), munster-géromé, madeleine de Commercy, bergamote de Nancy, miel de sapin des Vosges

Les chiffres rouges rappellent la moyenne nationale.
(1) et (2) : voir glossaire en fin d'ouvrage

LE MIDI-PYRÉNÉES

Généralités

Habitants : ***les Midi-Pyrénéens***

Préfecture régionale : **Toulouse**

Superficie : **45 348 km²** [8,3 %]

Population (2013) : **2 946 500** [4,5 %]

Densité (hab./km²) (2013) : **65** [116]

Variation relative moyenne (2006-2013) : **0,9 %** [0,5 %]

Nombre de communes (2013) : **3 020**

Nombre de cantons (2013) : **293**

Président de région (2013) : ***Martin Malvy***

Autres grands sites touristiques

Sites naturels : cirque et cascade de Gavarnie, massif de Néouvielle, pic du Midi de Bigorre, gorges du Tarn, gouffre de Padirac, grotte du Mas d'Azil ; **sites religieux :** basilique St-Cernin de Toulouse, cathédrale Ste-Marie de St-Bertrand-de-Comminges, cathédrale de Mirande ; **sites culturels :** viaduc de Millau, cité de l'espace à Toulouse

Les départements

Ariège (09)
- Population (2013) : 153 453
- Habitants : *les Ariégeois*
- Préfecture : **Foix *(les Fuxéens)***
- Sous-préfectures : Pamiers, St-Girons

Aveyron (12)
- Population (2013) : 275 487
- Habitants : *les Aveyronnais*
- Préfecture : **Rodez *(les Ruthénois)***
- Sous-préfectures : Millau, Villefranche-du-Rouergue

Haute-Garonne (31)
- Population (2013) : 1 289 664
- Habitants : *les Haut-Garonnais*
- Préfecture : **Toulouse *(les Toulousains)***
- Sous-préfectures : Muret, St-Gaudens

Gers (32)
- Population (2013) : 191 082
- Habitants : *les Gersois*
- Préfecture : **Auch *(les Auscitains)***
- Sous-préfectures : Condom, Mirande

Lot (46)
- Population (2013) : 175 860
- Habitants : *les Lotois*
- Préfecture : **Cahors *(les Cadurciens)***
- Sous-préfectures : Figeac, Gourdon

Hautes-Pyrénées (65)
- Population (2013) : 229 096
- Habitants : *les Haut-Pyrénéens*
- Préfecture : **Tarbes *(les Tarbais)***
- Sous-préfectures : Argelès-Gazost, Bagnères-de-Bigorre

Tarn (81)
- Population (2013) : 381 531
- Habitants : *les Tarnais*
- Préfecture : **Albi *(les Albigeois)***
- Sous-préfecture : Castres

Tarn-et-Garonne (82)
- Population (2013) : 250 334
- Habitants : *les Tarn-et-Garonnais*
- Préfecture : **Montauban *(les Montalbanais)***
- Sous-préfecture : Castelsarrasin

Population des principales agglomérations (2010)

Toulouse : 879 683
Tarbes : 76 727
Albi : 49 179*
Montauban : 56 536*
Castres : 42 222*
Rodez : 23 794*
Cahors : 20 224*
Auch : 21 871*
Foix : 9 782*

En **gras**, population des préfectures,
* population communale.

Démographie

- Part des moins de 20 ans (2013) : **22,8 %** [24,4 %]
- Part des plus de 75 ans (2013) : **10,6 %** [9,1 %]
- Accroissement naturel (2006-2013) : **0,2 %** [0,4 %]
- Population étrangère (2010) : **4,6 %** [5,9 %]
- Taux de natalité (2012) : **11,1 ‰** [12,4 %]
- Taux de mortalité (2012) : **9,5 ‰** [8,8 %]
- Espérance de vie à la naissance (2012) :
  femmes : **85,1** [84,9]
  hommes : **79,7** [78,54]

Economie

Emploi
- Taux de chômage (2013) : **10,1 %** [9,9 %]
- Allocataires au RSA (2012) : **6 %** [6,6 %]

Niveau de vie
- Niveau de vie médian des ménages (2011) : **18 907 €** [19 547 €]
- Revenu fiscal médian déclaré par les ménages (2011) : **19 211 €** [19 218 €]
- Part des ménages propriétaires (2010) : **61 %** [57,8%]

Puissance économique régionale

Créations d'entreprises (2013)(1)

- Nombre de création d'entreprises : 24 274 [520 997]
- Part du total France métropolitaine : 4,5 % [96,8%]
- Taux de création : 14,1 % [14,4 %]

Valeur ajoutée brute (2012)(2) par branche d'activité (%)

Transports
- Autoroutes (2011) : **653 km**
- Routes nationales (2011) : **655 km**
- Réseau ferré (2013) : **1 642 km**
- Trafic aérien (2013) : **8 072** (1)

(1) Milliers de passagers par an

Tourisme
- Hôtels homologués (2013) : **1 122**
- Campings classés (2013) : **511**

Spécialités agricoles
Ovins, lait, céréales (maïs), fruits, vins

Spécialités industrielles
Industrie aéronautique et de l'espace, armement, industrie du cuir et chaussure, matériaux de construction, mécanique

Spécialités culinaires et produits
Vins (cahors, madiran, gaillac, marcillac), armagnac, fromages (roquefort, bleu des Causses, laguiole, rocamadour), foie gras, magret de canard, volailles du Gers, ail rose de Lautrec, chasselas de Moissac, haricot de Tarbes, violette de Toulouse

Les chiffres rouges rappellent la moyenne nationale.
(1) et (2) : voir glossaire en fin d'ouvrage

LE NORD-PAS-DE-CALAIS

Spécialités culinaires et produits

Bières, chicorée, endive, ratte du Touquet, ail fumé d'Arleux, pomme de terre bintje, fromages (maroilles, boule de Lille, vieux Lille, bergues, mimolette, boulette d'Avesnes), genièvre, volailles de Licques, andouille de Cambrai, potjevlesch, rollmops, filet de hareng fumé, gaufre, bêtise de Cambrai

Logo de la région

RÉGION
Nord-Pas de Calais

Drapeau de la région

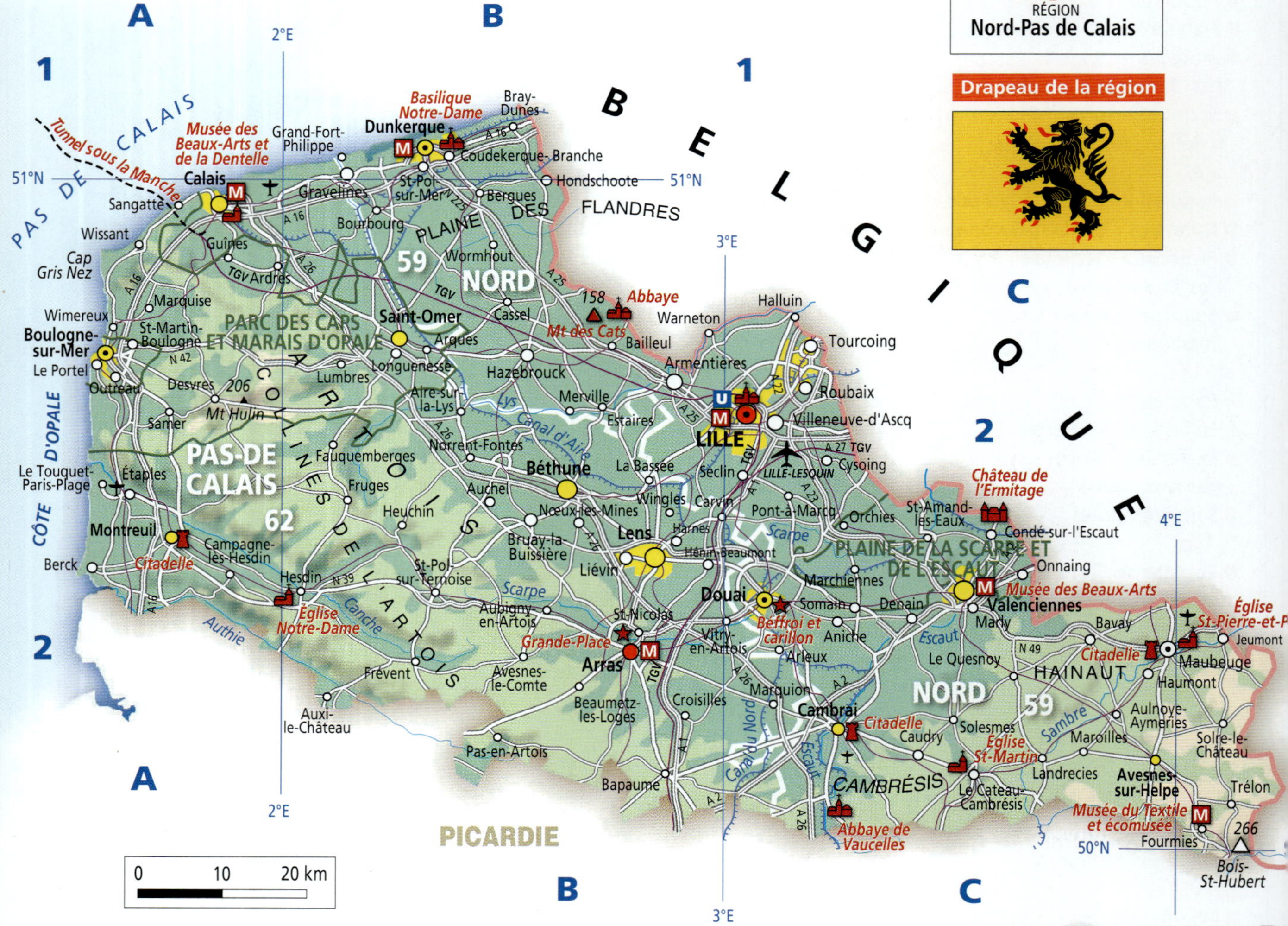

Autres grands sites touristiques

Sites religieux : cathédrale Notre-Dame de St-Omer, collégiale St-Pierre d'Aire-sur-la-Lys, église d'Isbergues, N.-D.-de-Lorette de Liévin, église St-Nicolas d'Avesnes-sur-Helpe ; **sites culturels :** centre historique minier de Lewarde, musée d'Art contemporain de Dunkerque, musée de la Mer de Boulogne ; **sites naturels :** côte d'Opale, les Moëres, cap Blanc-Nez, parc des Caps et des Marais d'Opale, parc de l'Avesnois

Généralités

Habitants : ***les Nord-Pas-de-Calaisiens***

Préfecture régionale : **Lille**

Superficie : **12 414 km²** [2,3 %]

Population (2013) : **4 052 200** [6,3 %]

Densité (hab./km²) (2013) : **325** [116]

Variation relative annuelle (2006-2013) : **0,1 %** [0,5 %]

Nombre de communes (2013) : **1 547**

Nombre de cantons (2013) : **156**

Président de région (2013) : ***Daniel Percheron***

Les départements

Nord (59)

- Population (2013) : 2 588 118
- Habitants : *les Nordistes*
- Préfecture : **Lille** *(les Lillois)*
- Sous-préfectures : Cambrai, Avesnes-sur-Helpe, Douai, Dunkerque, Valenciennes

Pas-de-Calais (62)

- Population (2013) : 1 464 038
- Habitants : *les Pas-de-Calaisiens*
- Préfecture : **Arras** *(les Arrageois)*
- Sous-préfectures : Béthune, Boulogne-sur-Mer, Calais, Lens, Montreuil, St-Omer

Population des principales agglomérations (2010)

Lille : 1 018 356
Arras : 86 402
Dunkerque : 178 449
Calais : 97 010
Villeneuve-d'Ascq : 62 681*
Valenciennes : 334 785
Boulogne-sur-Mer : 88 591
Douai : 41 915*
Wattrelos : 41 538*
Marcq-en-Barœul : 39 591*
Lens : 34 190*
Béthune : 25 430*

En **gras**, population des préfectures,
* population communale.

Démographie

- Part des moins de 20 ans (2013) : **26,7 %** [24,4 %]
- Part des 40 à 59 ans (2013) : **26,1 %** [26,8 %]
- Part des plus de 75 ans (2013) : **7,7 %** [9,1 %]
- Accroissement naturel (2006-2013) : **0,5 %** [0,4 %]
- Part de la population étrangère (2010) : **3,2 %** [5,9 %]
- Taux de natalité (2012) : **13,7 ‰** [12,4 %]
- Taux de mortalité (2012) : **9,1 ‰** [8,8 %]
- Espérance de vie à la naissance (2012) :
  femmes : **82,8** [84,9]
  hommes : **75,4** [78,5]

Economie

Emploi

- Taux de chômage (2013) : **8,7 %** [9,9 %]
- Allocataires au RSA (2012) : **11,7 %** [6,6 %]

Niveau de vie

- Niveau de vie médian des ménages (2011) : **16 797 €** [19 547 €]
- Revenu fiscal médian déclaré par les ménages (2011) : **19 211 €** [19 218 €]
- Part des ménages propriétaires (2010) : **56,2 %** [57,8%]

Puissance économique régionale

Créations d'entreprises (2013)(1)

- Nombre de création d'entreprises : 23 548 [520 997]
- Part du total France métropolitaine : 4,4 % [96,8%]
- Taux de création : 15,3 % [14,4 %]

Valeur ajoutée brute (2012)(2)
par branche d'activité (%)

Transports

- Autoroutes (2011) : **627 km**
- Routes nationales (2011) : **195 km**
- Réseau ferré (2013) : **1 446 km**
- Trafic aérien (2013) : **1 658** (1)

(1) Milliers de passagers par an

Tourisme

- Hôtels homologués (2013) : **420**
- Campings classés (2013) : **222**

Spécialités agricoles

Bovins, lait, endives, betteraves, pomme de terre, céréales (blé tendre, orge)

Spécialités industrielles

Industrie du verre, première transformation de l'acier, sidérurgie, industries textiles et habillement, construction ferroviaire, papier et carton

Les chiffres **rouges** rappellent la moyenne nationale.
(1) et (2) : voir glossaire en fin d'ouvrage

LA BASSE-NORMANDIE

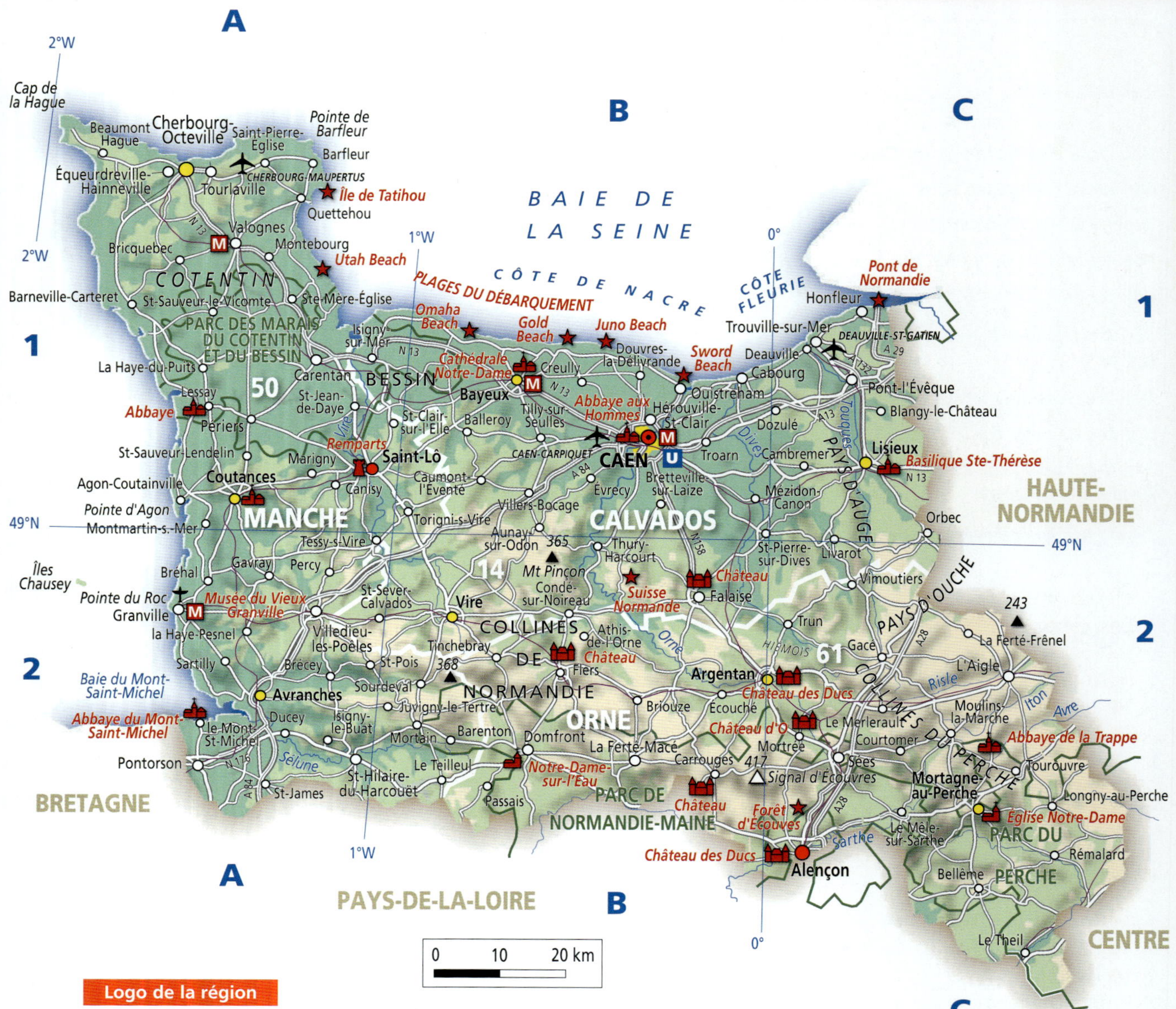

Logo de la région

Région
Basse-Normandie

Drapeau de la région

Autres grands sites touristiques

Sites religieux : cathédrale de Sées, cathédrale de Coutances, abbaye d'Ambye ; villages : Barfleur, Beuvron-sur-Auge ; **sites naturels :** baie du Mont-St-Michel, côte Fleurie, côte de Nacre, îles Chausey, presqu'île du Cotentin) ; **sites culturels :** musée de la Liberté à Quinéville, musée du Débarquement à Ste-Marie-du-Mont, tapisseries de Bayeux, plages du Débarquement, Mémorial de Caen, le haras national du Pin ; **châteaux :** Tourlaville, Canon, Bénouville, St-germain-de-Livet, Sassy, Flers, Gratot, Pirou, forteresse des Neel et des Harcourt à St-Sauveur-le-Vicomte

Généralités

Habitants : ***les Bas-Normands***

Préfecture régionale : **Caen**

Superficie : **17 589 km^2** [3,2 %]

Population (2013) : **1 479 200** [2,3 %]

Densité (hab./km^2) (2013) : **83** [116]

Variation relative moyenne (2006-2013) : **0,2 %** [0,5 %]

Nombre de communes (2013) : **1 812**

Nombre de cantons (2013) : **141**

Président de région (2013) : ***Laurent Beauvais***

Les départements

Calvados (14)

- Population (2013) : 688 887
- Habitants : *les Calvadosiens*
- Préfecture : **Caen** *(les Caennais)*
- Sous-préfectures : Bayeux, Lisieux, Vire

Manche (50)

- Population (2013) : 500 980
- Habitants : *les Manchois*
- Préfecture : **St-Lô** *(les Saint-Lois)*
- Sous-préfectures : Avranches, Cherbourg, Coutances

Orne (61)

- Population (2013) : 289 375
- Habitants : *les Ornais*
- Préfecture : **Alençon** *(les Alençonnais)*
- Sous-préfectures : Argentan, Mortagne-au-Perche

Population des principales agglomérations (2010)

Caen : 196 743
Cherbourg-Octeville : 84 814
Alençon : 67 636
Hérouville-St-Clair : 21 360*
Lisieux : 21 391*
St-Lô : 51 769
Équeurdreville-Hainneville : 17 386*
Tourlaville : 15 836*

En **gras**, population des préfectures,
* population communale.

Démographie

- Part des moins de 20 ans (2013) : **23,7 %** [24,4 %]
- Part des plus de 75 ans (2013) : **10,7 %** [9,1 %]
- Accroissement naturel (2006-2013) : **0,2 %** [0,4 %]
- Population étrangère (2010) : **2 %** [5,9 %]
- Taux de natalité (2012) : **10,9 ‰** [12,4 %]
- Taux de mortalité (2012) : **10,3 ‰** [8,8 %]
- Espérance de vie à la naissance (2012) :
  femmes : **84,6** [84,9]
  hommes : **77,5** [78,54]

Economie

Emploi

- Taux de chômage (2013) : **9,3 %** [9,9 %]
- Allocataires au RSA (2012) : **5,5 %** [6,6 %]

Niveau de vie

- Niveau de vie médian des ménages (2011) : **18 645 €** [19 547 €]
- Revenu fiscal médian déclaré par les ménages (2011) : **18 141 €** [19 218 €]
- Part des ménages propriétaires (2010) : **59,7 %** [57,8%]

Les chiffres rouges rappellent la moyenne nationale.
(1) et (2) : voir glossaire en fin d'ouvrage

Puissance économique régionale

Créations d'entreprises (2013)(1)

- Nombre de création d'entreprises : 8 262 [520 997]
- Part du total France métropolitaine : 1,5 % [96,8%]
- Taux de création : 12,4 % [14,4 %]

Valeur ajoutée brute (2012)(2) par branche d'activité (%)

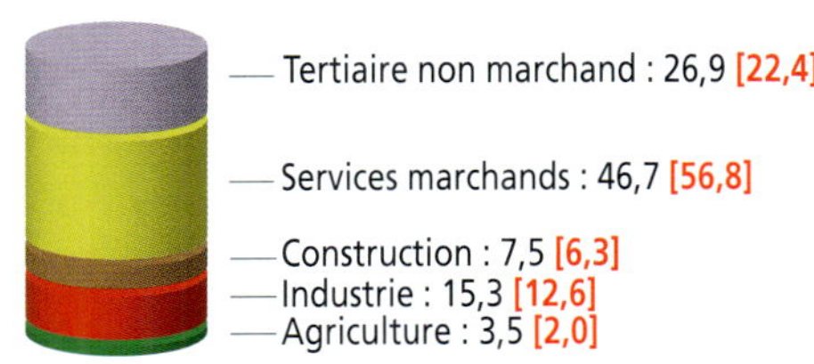

Transports

- Autoroutes (2011) : **284 km**
- Routes nationales (2011) : **340 km**
- Réseau ferré (2013) : **717 km**
- Trafic aérien (2013) : **236** (1)

(1) Milliers de passagers par an

Tourisme

- Hôtels homologués (2013) : **481**
- Campings classés (2013) : **209**

Spécialités agricoles

Bovins, lait, équins

Spécialités industrielles

Industrie automobile, agro-alimentaire (viande et lait), équipements électriques et électroniques ménagers

Spécialités culinaires et produits

Fromages (pont-l'évêque, camembert de Normandie, livarot, mimolette), beurre et crème d'Isigny, tripes à la mode de Caen et tripes fertoises, andouille de Vire, agneau de pré-salé, carotte et poireau de Créances, cidre, poiré, calvados du pays d'Auge

LA HAUTE-NORMANDIE

Drapeau de la région

Logo de la région

REGION HAUTE NORMANDIE

Spécialités culinaires et produits

Cidre et poiré, sucre de pomme, fromages (neufchâtel, petit suisse du pays de Bray), bénédictine de Fécamp, pommeau de Normandie, sablés, marmite dieppoise, salade cauchoise, sauce rouennaise, œufs brayons

Autres grands sites touristiques

Sites naturels : côte d'Albâtre, falaises d'Amont et d'Aval d'Étretat, parc des Boucles de la Seine, parc floral du Bois des Moutiers, Marais Vernier ; **édifices religieux :** abbatiale de St-Martin-de-Boscherville, église St-Maclou de Rouen ; **site culturel :** pont de Normandie ; **villages :** Le Bec-Hellouin, Lyons-la-Forêt

Généralités

Habitants : ***les Haut-Normands***

Préfecture régionale : **Rouen**

Superficie : **12 318 km²** [2,2 %]

Population (2013) : **1 848 100** [2,8 %]

Densité (hab./km²) (2013) : **149** [116]

Variation relative annuelle (2006-2013) : **0,3 %** [0,5 %]

Nombre de communes (2013) : **1 420**

Nombre de cantons (2013) : **112**

Président de région (2013) : ***Nicolas Mayer-Rossignol***

Les départements

Eure (27)

- Population (2013) : 595 310
- Habitants : ***les Eurois***
- Préfecture : **Évreux** ***(les Ébroïciens)***
- Sous-préfectures : Les Andelys, Bernay

Seine-Maritime (76)

- Population (2013) : 1 252 792
- Habitants : ***les Seinomarins***
- Préfecture : **Rouen** ***(les Rouennais)***
- Sous-préfectures : Dieppe, Le Havre

Population des principales agglomérations (2010)

Rouen : 463 748
Le Havre : 241 037
Évreux : 61 116
Dieppe : 81 419
Elbeuf : 88 292
Sotteville-lès-Rouen : 28 679*
St-Étienne-du-Rouvray : 28 118*
Le Grand-Quevilly : 24 637*
Vernon : 24 772*
Fécamp : 19 264*

En **gras**, population des préfectures,
* population communale.

Démographie

- Part des moins de 20 ans (2013) : **25,3 %** [24,4 %]
- Part des 40 à 59 ans (2013) : **27,5 %** [26,8 %]
- Part des plus de 75 ans (2013) : **8,6 %** [9,1 %]
- Accroissement naturel (2006-2013) : **0,4 %** [0,4 %]
- Part de la population étrangère (2010) : **2,9 %** [5,9 %]
- Taux de natalité (2012) : **12,8 ‰** [12,4 %]
- Taux de mortalité (2012) : **9 ‰** [8,8 %]
- Espérance de vie à la naissance (2012) :
  femmes : **83,9** [84,9]
  hommes : **77,2** [78,5]

Economie

Emploi

- Taux de chômage (2013) : **11 %** [9,9 %]
- Allocataires au RSA (2012) : **7,3 %** [6,6 %]

Niveau de vie

- Niveau de vie médian des ménages (2011) : **19 245 €** [19 547 €]
- Revenu fiscal médian déclaré par les ménages (2011) : **18 907 €** [19 218 €]
- Part des ménages propriétaires (2010) : **56,3 %** [57,8%]

Puissance économique régionale

Créations d'entreprises (2013)[1]

- Nombre de création d'entreprises : 10 116 [520 997]
- Part du total France métropolitaine : 1,9 % [96,8%]
- Taux de création : 13,7 % [14,4 %]

Valeur ajoutée brute (2012)[2]
par branche d'activité (%)

Transports

- Autoroutes (2011) : **427 km**
- Routes nationales (2011) : **232 km**
- Réseau ferré (2013) : **892 km**
- Trafic aérien (2013) : **18** [1]

(1) Milliers de passagers par an

Tourisme

- Hôtels homologués (2013) : **282**
- Campings classés (2013) : **93**

Spécialités agricoles

Bovins, lait, céréales

Spécialités industrielles

Pétrole et gaz naturel, industrie du verre, chimie, parachimie, industrie pharmaceutique, industrie automobile

Les chiffres rouges rappellent la moyenne nationale. **(1) et (2)** : voir glossaire en fin d'ouvrage

LES PAYS-DE-LA-LOIRE

Logo de la région

Région PAYS DE LA LOIRE

Drapeau de la région

Spécialités culinaires et produits

Vins (anjou, saumur, muscadet, gros plant), cointreau, guignolet, rillettes, volailles de Loué et de Challans, biscuit nantais, sablés, galette, petit-beurre, port-salut, mâche nantaise, mogette de Vendée, pomme de terre de Noirmoutier, reinette du Mans, moules de

Autres grands sites touristiques

Sites naturels : îles de Noirmoutier et d'Yeu, lac de Grand-Lieu, Brière, côte de Jade, côte d'Amour, presqu'île de Guérande, vallée de la Loire) ; **châteaux :** Ducs de Bretagne à Nantes, Brissac, Angers, La Motte-Clain, Goulaines, Clisson ; **site religieux :** abbaye de Fontevraud ; **site culturel :** zoo de Doué-la-Fontaine ; **villages :** Montsoreau, Vouvant

Généralités

Habitants : ***les Ligériens***

Préfecture régionale : **Nantes**

Superficie : **32 082 km²** [5,9 %]

Population (2013) : **3 538 000** [5,5 %]

Densité (hab./km²) (2013) : **113** [116]

Variation relative moyenne (2006-2013) : **0,8 %** [0,5 %]

Nombre de communes (2013) : **1 496**

Nombre de cantons (2013) : **203**

Président de région (2013) : ***Jacques Auxiette***

Les départements

Loire-Atlantique (44)

- Population (2013) : 1 322 404
- Habitants : ***les Mariligériens***
- Préfecture : **Nantes *(les Nantais)***
- Sous-préfectures : Ancenis, Châteaubriant, St-Nazaire

Maine-et-Loire (49)

- Population (2013) : 800 424
- Habitants : ***les Mainoligériens***
- Préfecture : **Angers *(les Angevins)***
- Sous-préfectures : Cholet, Saumur, Segré

Mayenne (53)

- Population (2013) : 309 168
- Habitants : ***les Mayennais***
- Préfecture : **Laval *(les Lavallois)***
- Sous-préfectures : Mayenne, Château-Gontier

Sarthe (72)

- Population (2013) : 569 029
- Habitants : ***les Sarthois***
- Préfecture : **Le Mans *(les Manceaux)***
- Sous-préfectures : La Flèche, Mamers

Vendée (85)

- Population (2013) : 657 326
- Habitants : ***les Vendéens***
- Préfecture : **La Roche-sur-Yon *(les Yonnais)***
- Sous-préfectures : Les Sables-d'Olonne, Fontenay-le-Comte

Population des principales agglomérations (2010)

Nantes : 591 461
Angers : 215 887
Le Mans : 207 658
St-Nazaire : 149 762
Cholet : 57 763
La Roche-sur-Yon : 52 664
Laval : 67 814

En **gras**, population des préfectures,

Démographie

- Part des moins de 20 ans (2013) : **25,4 %** [24,4 %]
- Part des plus de 75 ans (2013) : **8 %** [9,1 %]
- Accroissement naturel (2006-2013) : **0,4 %** [0,4 %]
- Population étrangère (2010) : **2,1 %** [5,9 %]
- Taux de natalité (2012) : **12,3 ‰** [12,4 %]
- Taux de mortalité (2012) : **8,7 ‰** [8,8 %]
- Espérance de vie à la naissance (2012) :
femmes : **85,3** [84,9]
hommes : **78,7** [78,5]

Economie

Emploi

- Taux de chômage (2013) : **8,7 %** [9,9 %]
- Allocataires au RSA (2012) : **4,9 %** [6,6 %]

Niveau de vie

- Niveau de vie médian des ménages (2011) : **19 182 €** [19 547 €]
- Revenu fiscal médian déclaré par les ménages (2011) : **18 751 €** [19 218 €]
- Part des ménages propriétaires (2010) : **64,2 %** [57,8%]

Puissance économique régionale

Créations d'entreprises (2013)(1)

- Nombre de création d'entreprises : 22 168 [520 997]
- Part du total France métropolitaine : 4,1 % [96,8%]
- Taux de création : 13,4 % [14,4 %]

Valeur ajoutée brute (2012)(2)
par branche d'activité (%)

Transports

- Autoroutes (2011) : **746 km**
- Routes nationales (2011) : **431 km**
- Réseau ferré (2013) : **1 326 km**
- Trafic aérien (2013) : **3 875** (1)

(1) Milliers de passagers par an

Tourisme

- Hôtels homologués (2013) : **687**
- Campings classés (2013) : **548**

Spécialités agricoles

Bovins, porcins, lapins, vins, lait, cérales

Spécialités industrielles

Industrie du cuir et de la chaussure, biens d'équipement ménager, industrie de la viande et du lait, chimie-caoutchouc et plasturgie, construction navale et aéronautique

Pêches et cultures marines

Soles, merlus, langoustines, mollusques

Les chiffres rouges rappellent la moyenne nationale.
(1) et (2) : voir glossaire en fin d'ouvrage

LA PICARDIE

Drapeau de la région

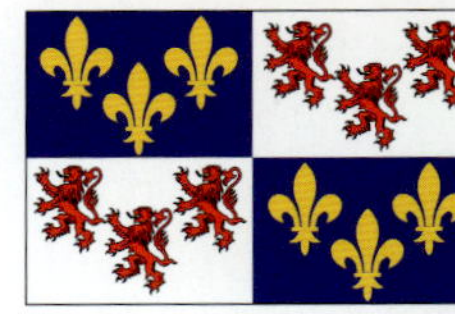

Logo de la région

PICARDIE
LA RÉGION

Spécialités culinaires et produits

Haricot de Soissons, artichaut de Laon, fruits rouges de Noyon, andouillette et pâté au canard d'Amiens, flamiche aux poireaux, maroilles, anguilles, macarons d'Amiens, tarte à la rhubarbe, cidre de Thiérache

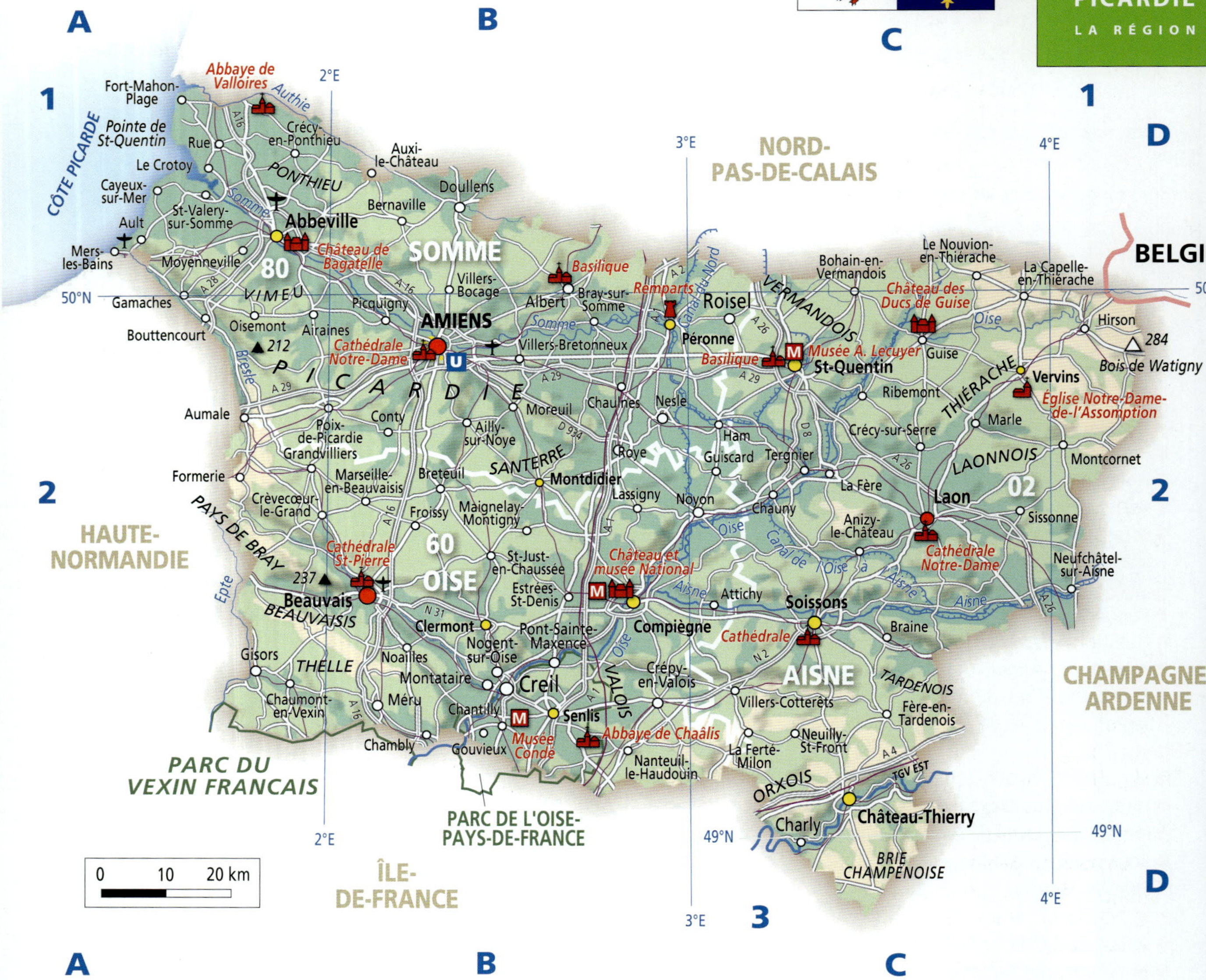

Autres grands sites touristiques

Villages : Parfondeval, Gerberoy, Villers-Cotterêts ; **sites naturels :** parc du Marquenterre, hortillonnages de la Somme, forêts de Compiègne et de Chantilly ; **sites culturels :** clairière de l'Armistice, chemin des Dames, mer de Sable d'Ermenonville et parc Astérix ; **châteaux :** Chantilly, Senlis, Villers-Cotterêts, Péronne, Mesnières-en-Bray, château de Rambures

Généralités

Habitants : ***les Picards***

Préfecture régionale : **Amiens**

Superficie : **19 399 km²** [3,6 %]

Population (2013) : **1 924 700** [2,8 %]

Densité (hab./km²) (2013) : **98,2** [116]

Variation relative annuelle (2006-2013) : **0,2 %** [0,5 %]

Nombre de communes (2013) : **2 291**

Nombre de cantons (2013) : **129**

Président de région (2013) : ***Claude Gewerc***

Les départements

Aisne (02)

- Population (2013) : 542 550
- Habitants : ***les Axonais***
- Préfecture : **Laon** ***(les Laonnois)***
- Sous-préfectures : St-Quentin, Château-Thierry, Soissons, Vervins

Oise (60)

- Population (2013) : 809 140
- Habitants : ***les Isariens***
- Préfecture : **Beauvais** ***(les Beauvaisiens)***
- Sous-préfectures : Clermont, Compiègne, Senlis

Somme (80)

- Population (2013) : 573 047
- Habitants : ***les Sommois***
- Préfecture : **Amiens** ***(les Amiénois)***
- Sous-préfectures : Abbeville, Montdidier, Péronne

Population des principales agglomérations (2010)

Amiens : 162 718
Creil : 116 073
Compiègne : 39 517*
St-Quentin : 65 214
Beauvais : 58 621
Soissons : 63 334
Laon : 41 555

En **gras**, population des préfectures,
* population communale.

Démographie

- Part des moins de 20 ans (2013) : **25,9 %** [24,4 %]
- Part des plus de 75 ans (2013) : **8 %** [9,1 %]
- Accroissement naturel (2006-2013) : **0,4 %** [0,4 %]
- Part de la population étrangère (2010) : **3,3 %** [5,9 %]
- Taux de natalité (2012) : **12,8 ‰** [12,4 %]
- Taux de mortalité (2012) : **9,1 ‰** [8,8 %]
- Espérance de vie à la naissance (2012) :
  femmes : **83,1** [84,9]
  hommes : **76,7** [78,5]

Economie

Emploi

- Taux de chômage (2013) : **11,9 %** [9,9 %]
- Allocataires au RSA (2012) : **7,7 %** [6,6 %]

Niveau de vie

- Niveau de vie médian des ménages (2011) : **18 779 €** [19 547 €]
- Revenu fiscal médian déclaré par les ménages (2011) : **18 332 €** [19 218 €]
- Part des ménages propriétaires (2010) : **62,1 %** [57,8%]

Puissance économique régionale

Créations d'entreprises (2013)(1)

- Nombre de création d'entreprises : 10 623 [520 997]
- Part du total France métropolitaine : 2 % [96,8%]
- Taux de création : 14,9 % [14,4 %]

Valeur ajoutée brute (2012)(2) par branche d'activité (%)

Transports

- Autoroutes (2011) : **550 km**
- Routes nationales (2011) : **371 km**
- Réseau ferré (2013) : **1 470 km**
- Trafic aérien (2013) : **3 955** (1)

(1) Milliers de passagers par an

Tourisme

- Hôtels homologués (2013) : **235**
- Campings classés (2013) : **149**

Spécialités agricoles

Betteraves, pommes de terre, blé tendre, lait, légumes

Spécialités industrielles

Industrie du verre, chimie, parachimie et industrie pharmaceutique, papier et carton, textiles et habillement, caoutchouc, métallurgie

Les chiffres rouges rappellent la moyenne nationale.
(1) et (2) : voir glossaire en fin d'ouvrage

LE POITOU-CHARENTES

Spécialités culinaires et produits

Vins et spiritueux (cognac, pineau des Charentes, vins du Haut-Poitou), pommes de terre de l'île de Ré, melons du Haut-Poitou, reinette clochard, chabichou du Poitou, beurre de Charentes-Poitou, moules et huîtres de Marennes-Oléron, angélique de Niort, tourteau fromagé, agneau et chevreau de Poitou-Charentes, grillons charentais

Drapeau de la région

Logo de la région

Région Poitou Charentes
la démocratie participative

Autres grands sites touristiques

Sites naturels : îles d'Oléron, île de Ré, marais Poitevin, grottes de Régulus et de Matata ;
sites religieux : église St-Martin d'Esnandes, abbaye de Sablomceaux ;
villages : Vouvant, Coulon, Ars-en-Ré, La Flotte, Mormac-sur-Seuldre, Talmont-sur-Gironde ;
sites culturels : tumulus de Bougon, zoo de la Palmyre

Généralités

Habitants : ***les Pictocharentais***

Préfecture régionale : **Poitiers**

Superficie : **25 809 km²** [4,7 %]

Population (2013) : **1 792 200** [2,7 %]

Densité (hab./km²) (2013) : **69** [116]

Variation relative annuelle (2006-2013) : **0,6 %** [0,5%]

Nombre de communes (2013) : **1 462**

Nombre de cantons (2013) : **157**

Président de région (2013) : ***Jean-François Macaire***

Les départements

Charente (16)

- Population (2013) : 353 140
- Habitants : *les Charentais*
- Préfecture : **Angoulême** *(les Angoumoisins)*
- Sous-préfectures : Cognac, Confolens

Charente-Maritime (17)

- Population (2013) : 634 191
- Habitants : *les Maricharentais*
- Préfecture : **La Rochelle** *(les Rochelais)*
- Sous-préfectures : Jonzac, Saintes, Rochefort, St-Jean-d'Angély

Deux-Sèvres (79)

- Population (2013) : 374 151
- Habitants : *les Deux-Sévriens*
- Préfecture : **Niort** *(les Niortais)*
- Sous-préfectures : Bressuire, Parthenay

Vienne (86)

- Population (2013) : 430 677
- Habitants : *les Viennois*
- Préfecture : **Poitiers** *(les Pictaviens)*
- Sous-préfectures : Châtellerault, Montmorillon

Population des principales agglomérations (2010)

Poitiers : 127 845
La Rochelle : 126 725
Angoulême : 107 821
Niort : 70 128
Châtellerault : 71 140
Saintes : 61 733
Rochefort : 55 740

En **gras**, population des préfectures,

Démographie

- Part des moins de 20 ans (2013) : **22,3 %** [24,4 %]
- Part des plus de 75 ans (2013) : **11,5 %** [9,1 %]
- Accroissement naturel (2006-2013) : **0,1 %** [0,4 %]
- Part de la population étrangère (2010) : **2,8 %** [5,9 %]
- Taux de natalité (2012) : **10,2 ‰** [12,4 %]
- Taux de mortalité (2012) : **10,74 ‰** [8,8 %]
- Espérance de vie à la naissance (2012) :
  femmes : **85** [84,9]
  hommes : **78,34** [78,5]

Economie

Emploi

- Taux de chômage (2013) : **9,4 %** [9,9 %]
- Allocataires au RSA (2012) : **6,6 %** [6,6 %]

Niveau de vie

- Niveau de vie médian des ménages (2011) : **18 670 €** [19 547 €]
- Revenu fiscal médian déclaré par les ménages (2011) : **18 204 €** [19 218 €]
- Part des ménages propriétaires (2010) : **65,1 %** [57,8%]

Puissance économique régionale

Créations d'entreprises (2013)(1)

- Nombre de création d'entreprises : 12 134 [520 997]
- Part du total France métropolitaine : 2,3 % [96,8%]
- Taux de création : 13,8 % [14,4 %]

Valeur ajoutée brute (2012)(2) par branche d'activité (%)

Transports

- Autoroutes (2011) : **300 km**
- Routes nationales (2011) : **593 km**
- Réseau ferré (2013) : **1 193 km**
- Trafic aérien (2013) : **305** (1)

(1) Milliers de passagers par an

Tourisme

- Hôtels homologués (2013) : **482**
- Campings classés (2013) : **388**

Spécialités agricoles

Bovins, lait, céréales

Spécialités industrielles

Activités de fabrication de sous-traitance pour le nautisme et l'automobile, construction électrique et électronique, construction mécanique, industrie du caoutchouc, papeterie, industrie agro-alimentaire, industries extractives

Les chiffres **rouges** rappellent la moyenne nationale. **(1) et (2)** : voir glossaire en fin d'ouvrage

LA PROVENCE-ALPES-CÔTE D'AZUR

Drapeau de la région

Logo de la région

Région PACA

Autres grands sites touristiques

Sites naturels : massifs de l'Estérel, des Maures, des Alpilles, de la Ste-Baume, de la Ste-Victoire, îles de Porquerolles, de Port-Cros, du Frioul, de Lérins, parcs naturels du Mercantour, de Port-Cros, du Verdon, du Luberon, du Queyras, des Écrin, de Camargue, des Calanques), mont Ventoux, signal de Lure, mont Pelat ; **villages :** Les Baux-de-Provence, St-Véran, Saorge, Coaraze, Moustiers-Ste-Marie, Bargème, Gourdon, Éze, Gordes, Le Castellet, La Cadière-d'Azur, St-Tropez, Roussillon, Vaison-la-Romaine, Oppède-le-Vieux, Ménerbe, Lourmarin, Ansouis, Tourtour, Cotignac, Aups, Seillans, Mons, Gassin, Peillon, Peille, Ste-Agnès

Spécialités culinaires et produits

Vins (vallée du Rhône septentrionale, côtes de provence, Bandol, Bellet, coteau de pierrevert, muscat de Beaumes-de-Venise), fougasse, pan-bagnat, taureau et riz de Camargue, agneau de Sisteron, tapenade, olive, melon de Cavaillon, truffe, herbes de Provence, figue de Solies, citron de Menton, amandes, aïoli, sardine, loup, oursin, violet, nougat, fruits confits d'Apt, berlingot de Carpentras, calisson d'Aix, miels

Généralités

Habitants : ***les Provençaux***

Préfecture régionale : **Marseille**

Superficie : **31 400 km²** [5,8 %]

Population (2013) : **4 937 400** [7,7 %]

Densité (hab./km²) (2013) : **156** [116]

Variation relative moyenne (2006-2013) : **0,4 %** [0,5%]

Nombre de communes (2013) : **958**

Nombre de cantons (2013) : **236**

Président de région (2013) : ***Michel Vauzelle***

Les départements

Alpes-de-Haute-Provence (04)

- Population (2013) : 162 923
- Habitants : ***les Bas-Alpins***
- Préfecture : **Digne-les-Bains** ***(les Dignois)***
- Sous-préfectures : Barcelonnette, Castellane, Forcalquier

Hautes-Alpes (05)

- Population (2013) : 141 417
- Habitants : ***les Haut-Alpins***
- Préfecture : **Gap *(les Gapençais)***
- Sous-préfecture : Briançon

Alpes-Maritimes (06)

- Population (2013) : 1 078 874
- Habitants : ***les Maralpins***
- Préfecture : **Nice *(les Niçois)***
- Sous-préfecture : Grasse

Bouches-du-Rhône (13)

- Population (2013) : 1 982 423
- Habitants : ***les Marirhodaniens***
- Préfecture : **Marseille *(les Marseillais)***
- Sous-préfectures : Aix, Arles, Istres

Var (83)

- Population (2013) : 1 019 910
- Habitants : ***les Varois***
- Préfecture : **Toulon *(les Toulonnais)***
- Sous-préfectures : Brignoles, Draguignan

Vaucluse (84)

- Population (2013) : 551 898
- Habitants : ***les Vauclusiens***
- Préfecture : **Avignon** ***(les Avignonnais)***
- Sous-préfectures : Apt, Carpentras

Population des principales agglomérations (2010)

Marseille : 1 559 789
Nice : 941 777
Toulon : 557 802
Avignon : 442 377
Gap : 44 773
Digne-les-Bains : 16 886*

En **gras**, population des préfectures,
* population communale

Démographie

- Part des moins de 20 ans (2013) : **22,9 %** [24,4 %]
- Part des plus de 75 ans (2013) : **10,5 %** [9,1 %]
- Accroissement naturel (2006-2013) : **0,3 %** [0,4 %]
- Population étrangère (2010) : **6,3 %** [5,9 %]
- Taux de natalité (2012) : **12,1 ‰** [12,4 %]
- Taux de mortalité (2012) : **9,7 ‰** [8,8 %]
- Espérance de vie à la naissance (2012) :
femmes : **85** [84,9]
hommes : **79,2** [78,5]

Economie

Emploi

- Taux de chômage (2013) : **11,4 %** [9,9 %]
- Allocataires au RSA (2012) : **8 %** [6,6 %]

Niveau de vie

- Niveau de vie médian des ménages (2011) : **19 327 €** [19 547 €]
- Revenu fiscal médian déclaré par les ménages (2011) : **19 059 €** [19 218 €]
- Part des ménages propriétaires (2010) : **54,6 %** [57,8%]

Puissance économique régionale

Créations d'entreprises (2013)(1)

- Nombre de création d'entreprises : 54 408 [520 997]
- Part du total France métropolitaine : 10,9 % [96,8%]
- Taux de création : 14,8 % [14,4 %]

Valeur ajoutée brute (2012)(2)
par branche d'activité (%)

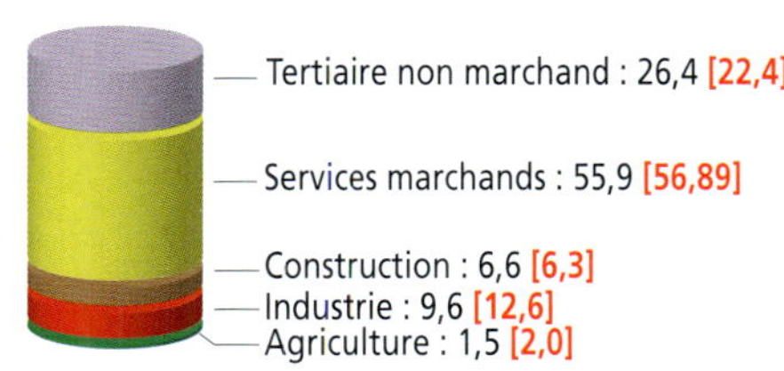

Transports

- Autoroutes (2011) : **754 km**
- Routes nationales (2011) : **392 km**
- Réseau ferré (2013) : **1 335 km**
- Trafic aérien (2013) : **20 368** (1)

(1) Milliers de passagers par an

Tourisme

- Hôtels homologués (2013) : **2 018**
- Campings classés (2013) : **831**

Spécialités agricoles

Cultures fruitières, vins, fleurs, plantes, oléiculture

Spécialités industrielles

Industrie navale, aéronautique et armement, industrie chimique, matériaux de construction, industries alimentaires

Les chiffres rouges rappellent la moyenne nationale.
(1) et (2) : voir glossaire en fin d'ouvrage

LE RHÔNE-ALPES

Drapeau de la région

Logo de la région

Région RhôneAlpes

Spécialités culinaires et produits

Vins (côtes-du-rhône, coteaux-du-Lyonnais, beaujolais, clairette de Die, savoie, bugey, ardèche), chartreuse, antésite, fromages (st-marcellin, vacherin, bleu du Vercors, cervelle de canut), olive noire de Nyons, noix de Grenoble, abricot de la Drôme, truffe du Tricastin, marron d'Ardèche, quenelles, jésus, rosette de Lyon, cervelas, crozet, andouillette, caillette, volailles de Bresse, ravioles du Dauphiné, nougat de Montélimar

Autres grands sites touristiques

Sites naturels : massifs du Vercors, de l'Oisans, des Écrins, de la Vanoise, le mont Blanc, la Meije, la Barre des Écrins, la cime du Caron, les lacs d'Annecy, du Léman, du Bourget, les Dombes, la mer de Glace, le col du Galibier ; **villages :** Yvoire, Sixt-Fer-à-Cheval, Bonneval-sur-Arc, Pérouges, Oingt, Ste-Croix-en-Jarez, Le Poêt-Laval, Voguë, Balazuc, Mirmande, La Garde-Adhémar ; **site culturel :** le Palais Idéal du facteur Cheval

Généralités

Habitants : ***les Rhônalpins***

Préfecture régionale : **Lyon**

Superficie : **43 698 km²** [8,2 %]

Population (2009) : **6 393 500** [9,6 %]

Densité (hab./km²) (2009) : **143** [116]

Variation relative moyenne (2006-2013) : **10 %** [0,5%]

Nombre de communes (2013) : **2 874**

Nombre de cantons (2013) : **335**

Président de région (2013) : ***Jean-Jack Queyranne***

Les départements

Ain (01)
- Population (2013) : 618 632
- Préfecture : **Bourg-en-Bresse** ***(les Burgiens)***
- Sous-préfectures : Belley, Gex, Nantua

Ardèche (07)
- Population (2013) : 320 924
- Habitants : ***les Ardéchois***
- Préfecture : **Privas *(les Privadois)***
- Sous-préfectures : Largentière, Tournon-sur-Rhône

Drôme (26)
- Population (2013) : 494 385
- Habitants : ***les Drômois***
- Préfectures : **Valence** ***(les Valentinois)***
- Sous-préfectures : Die, Nyons

Isère (38)
- Population (2013) : 1 232 257
- Habitants : ***les Isérois***
- Préfecture : **Grenoble** ***(les Grenoblois)***
- Sous-préfectures : La Tour-du-Pin, Vienne

Loire (42)
- Population (2013) : 753 550
- Habitants : ***les Ligériens***
- Préfecture : **St-Étienne** ***(les Stéphanois)***
- Sous-préfectures : Montbrison, Roanne

Rhône (69)
- Population (2013) : 1 780 837
- Habitants : ***les Rhodaniens***
- Préfecture : **Lyon *(les Lyonnais)***
- Sous-préfecture : Villefranche-sur-Saône

Savoie (73)
- Population (2013) : 425 412
- Habitants : ***les Savoyards***
- Préfecture : **Chambéry** ***(les Chambériens)***
- Sous-préfectures : Albertville, St-Jean-de-Maurienne

Haute-Savoie (74)
- Population (2013) : 767 473
- Habitants : ***les Haut-Savoyards***
- Préfecture : **Annecy** ***(les Annéciens)***
- Sous-préfectures : Bonneville, St-Julien-en-Genevois, Thonon-les-Bains

Population des principales agglomérations (2010)

Lyon : 1 551 108
Grenoble : 496 951
St-Étienne : 371 281
Annecy : 157 805
Valence : 126 924
Villeurbanne : 145 034*
Chambéry : 177 955
Bourg-en-Bresse : 58 434
Privas : 8 352*

En **gras**, population des préfectures,
* population communale.

Démographie

- Part des moins de 20 ans (2013) : **25,3 %** [24,4 %]
- Part des plus de 75 ans (2013) : **8,5 %** [9,1 %]
- Accroissement naturel (2006-2013) : **0,6 %** [0,4 %]
- Population étrangère (2010) : **6,4 %** [5,9 %]
- Taux de natalité (2012) : **13 ‰** [12,4 %]
- Taux de mortalité (2012) : **7,8 ‰** [8,8 %]
- Espérance de vie à la naissance (2012) :
  femmes : **88,5** [84,9]
  hommes : **79,6** [78,5]

Economie

Emploi
- Taux de chômage (2013) : **8,7 %** [9,9 %]
- Allocataires au RSA (2012) : **4,8 %** [6,6 %]

Niveau de vie
- Niveau de vie médian des ménages (2011) : **20 230 €** [19 547 €]
- Revenu fiscal médian déclaré par les ménages (2011) : **20 062 €** [19 218 €]
- Part des ménages propriétaires (2010) : **54,6 %** [57,8%]

Puissance économique régionale

Créations d'entreprises (2013)(1)

- Nombre de création d'entreprises : 55 984 [520 997]
- Part du total France métropolitaine : 10,4 % [96,8%]
- Taux de création : 14,4 % [14,4 %]

Valeur ajoutée brute (2012)(2) par branche d'activité (%)

Transports
- Autoroutes (2011) : **1 230 km**
- Routes nationales (2011) : **603 km**
- Réseau ferré (2013) : **2 661 km**
- Trafic aérien (2013) : **29 212** (1)

(1) Milliers de passagers par an

Tourisme
- Hôtels homologués (2013) : **2 044**
- Campings classés (2013) : **749**

Spécialités agricoles
Viande et lait, vins, fruits, légumes, bois

Spécialités industrielles
Métallurgie, chimie et plasturgie, fonderie, industrie automobile et équipementrie, électricité nucléaire, composants électriques et électroniques, industrie du cuir et chaussure

Les chiffres rouges rappellent la moyenne nationale.
(1) et **(2)** : voir glossaire en fin d'ouvrage

LA GUADELOUPE

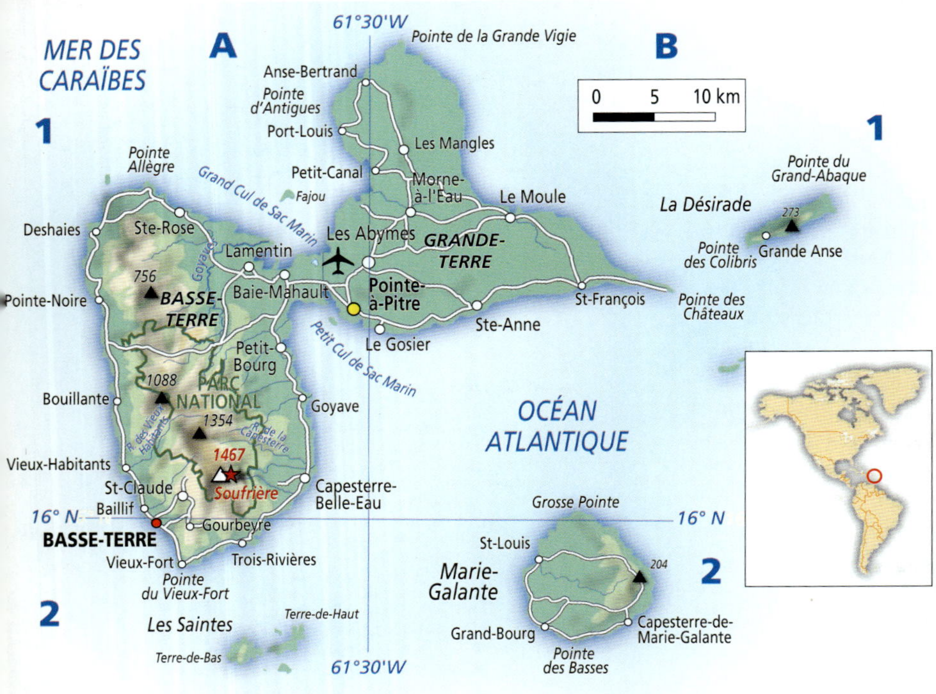

Logo de la région

REGION GUADELOUPE

Drapeau de la région

Généralités

Habitants : ***les Guadeloupéens***

Préfecture régionale : **Basse-Terre**

Sous-préf. : Pointe-à-Pitre

Superficie : **1 703 km²**

Population (2013) : **405 739** [0,63 %]

Densité (hab./km²) (2013) : **248** [116]

Variation relative moyenne (2006-2013) : **0,2 %** [0,5%]

Nombre de communes (2013) : **32**

Nombre de cantons (2013) : **40**

Président de région (2013) : ***Victorin Lurel***

Population des principales agglomérations (2010)

Pointe-à-Pitre *(les Pointois)* : 256 768
Basse-Terre *(les Basse-Terriens)* : 37 455

En **gras**, population de la préfecture

Démographie

- Part des moins de 20 ans (2013) : **27,8 %** [24,4 %]
- Part des plus de 75 ans (2013) : **7,1 %** [9,1 %]
- Accroissement naturel (2006-2013) : **0,7 %** [0,4 %]
- Population étrangère (2010) : **4,3 %** [5,9 %]
- Taux de natalité (2012) : **12,9 ‰** [12,4 %]
- Taux de mortalité (2012) : **7,1 ‰** [8,8 %]
- Espérance de vie à la naissance (2012) : femmes : **85,4** [84,9] hommes : **77** [78,5]

Economie

Emploi

- Taux de chômage (2013) : **22,9 %** [9,9 %]
- Allocataires au RSA (2012) : **23,8 %** [6,6 %]

Niveau de vie

- Revenu disponible brut des ménages par habitant (2011) : **13 653 €** [18 811 €]
- Part des ménages propriétaires (2006) : **61,1 %** [57,2%]

Puissance économique régionale

Créations d'entreprises (2013)(1)

- Nombre de création d'entreprises : 4 416 [520 997]
- Part du total France métropolitaine : 0,8 % [96,8%]
- Taux de création : 10,7 % [14,4 %]

Transports

- Autoroutes (2011) : **0 km**
- Routes dépatementales (2011) : **604 k**
- Réseau ferré (2013) : **0 km**
- Trafic aérien (2013) : **2 162** (1)

(1) Milliers de passagers par an

Tourisme

- Hôtels homologués (2013) : **45**
- Nuitées (2013) : **1 042 000**

Spécialités agricoles

Canne à sucre, fruits, café, vanille

Spécialités industrielles

Industrie agro-alimentaire : sucreries, rhum ries, conserveries

Spécialités culinaires et produits

Rhum agricole et industriel, fruits (banan ananas), avocat, piments, épices, boudin antillais, acras, matété de crabe, poissons

Autres grands sites touristiques

Sites naturels : volcan de la Soufrière, chutes du Carbet, baie des Saintes, point du Château et de la Grande Vigie, parc c Roches Gravées, jardin botanique de Deshaies, parc national, la Désirade, les Saintes, Marie Galante

Les chiffres rouges rappellent la moyenne nationale
(1) : voir glossaire en fin d'ouvrage

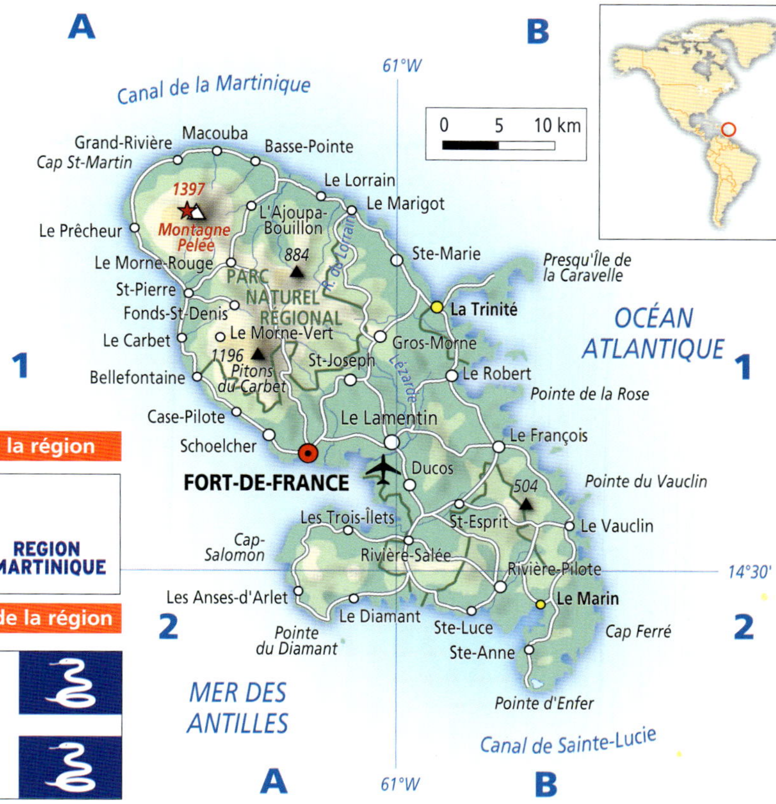

Généralités

Habitants : ***les Martiniquais***

Préfecture régionale : **Fort-de-France**

Sous-préfectures : Le Marin, St-Pierre, la Trinité

Superficie : **1 128 km²**

Population (2013) : **386 486** [0,6 %]

Densité (hab./km²) (2013) : **226** [116]

Variation relative moyenne (2006-2013) : - **0,4 %** [0,5 %]

Nombre de communes (2013) : **34**

Nombre de cantons (2013) : **45**

Président de région (2013) : ***Serge Letchimy***

Logo de la région

REGION MARTINIQUE

Drapeau de la région

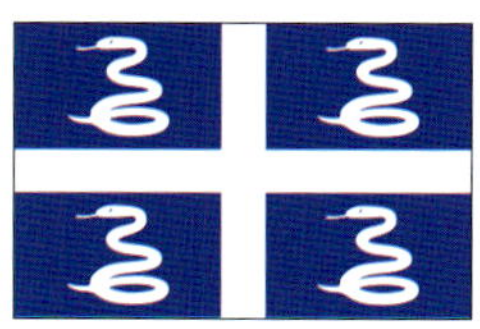

Population des principales agglomérations (2010)

Fort-de-France ***(les Foyalais)*** **: 129 216**

Le Lamentin : 39 458

En **gras**, population de la préfecture

Démographie

- Part des moins de 20 ans (2013) : **24,9 %** [24,4 %]
- Part des plus de 75 ans (2013) : **8,3 %** [8,5 %]
- Accroissement naturel (2006-2013) : **0,6 %** [0,4 %]
- Population étrangère (2010) : **1,7 %** [5,9 %]
- Taux de natalité (2012) : **11,5 ‰** [12,4 %]
- Taux de mortalité (20127) : **7,3 ‰** [8,8 %]
- Espérance de vie à la naissance (2012) : femmes : **85,4** [84,9] hommes : **78,8** [78,54]

Economie

Emploi

- Taux de chômage (2013) : **21 %** [9,9 %]
- Allocataires au RSA (2012) : **20,4 %** [6,6 %]

Niveau de vie

- Revenu fiscal médian déclaré par les ménages (2011) : **13 335 €** [19 218 €]
- Part des ménages propriétaires (2010) : **51,1 %** [57,8%]

Puissance économique régionale

Créations d'entreprises (2013)(1)

- Nombre de création d'entreprises : 3 479 [520 997]
- Part du total France métropolitaine : 0,6 % [96,8%]
- Taux de création : 10,3 % [14,4 %]

Les chiffres rouges rappellent la moyenne nationale.
(1) : voir glossaire en fin d'ouvrage

Transports

- Autoroutes (2011) : **7 km**
- Routes dépatementales (2011) : **630 km**
- Réseau ferré (2013) : **0 km**
- Trafic aérien (2013) : **1 624** (1)

(1) Milliers de passagers par an

Tourisme

- Hôtels homologués (2013) : **68**
- Nuitées (2013) : **1 277 000**

Spécialités agricoles

Canne à sucre, bananes, ananas

Spécialités culinaires et produits

Rhum agricole et industriel, fruits (bananes, ananas), avocat, piments, épices, boudin antillais, acras, matété de crabe, poissons

Autres grands sites touristiques

Sites naturels : pitons de Carbet, Grande Anse, Basse-Pointe ;
sites culturels : musée Paul Gauguin, musée archéologique de Fort-de-France, zoo des Deux Mamelles

LA GUYANE

Logo de la région

Drapeau de la région

Généralités

Habitants : ***les Guyanais***

Préfecture régionale : **Cayenne**

Sous-préfecture : St-Laurent-du-Maroni

Superficie : **83 534 km²**

Population (2013) : **250 109** [0,4 %]

Densité (hab./km²) (2013) : **5** [116]

Variation relative moyenne (2006-2013) : **2,8 %** [0,5%]

Nombre de communes (2013) : **22**

Nombre de cantons (2013) : **19**

Président de région (2013) : ***Rodolphe Alexandre***

Population des principales agglomérations (2010)

Cayenne *(les Cayennais)* : 103 142
St-Laurent-du-Maroni : 40 462

En **gras**, population de la préfecture

Démographie

- Part des moins de 20 ans (2013) : **43,2 %** [24,4 %]
- Part des plus de 75 ans (2013) : **1,7 %** [9,1 %]
- Accroissement naturel (2006-2013) : **2,5 %** [0,4 %]
- Population étrangère (2010) : **35,5 %** [5,9 %]
- Taux de natalité (2012) : **26,8 ‰** [12,4 %]
- Taux de mortalité (2012) : **7,3 ‰** [8,8 %]
- Espérance de vie à la naissance (2012) : femmes : **81** *[84,1]* hommes : **74,4** [77,3]

Economie

Emploi

- Taux de chômage (2013) : **21,3 %** [9,9 %]
- Allocataires au RSA (2012) : **24,4 %** [6,6 %]

Niveau de vie

- Revenu disponible brut des ménages par habitant (2011) : **9 8373 €** [18 811 €]
- Part des ménages propriétaires (2006) : **43,5 %** [57,2%]

Puissance économique régionale

Créations d'entreprises (2013)(1)

- Nombre de création d'entreprises : 1 952 [520 997]
- Part du total France métropolitaine : 0,4 % [96,8%]
- Taux de création : 16,2 % [14,4 %]

Les chiffres rouges rappellent la moyenne nationale.
(1) : voir glossaire en fin d'ouvrage

Transports

- Autoroutes (2011) : **0 km**
- Routes nationales (2011) : **439 km**
- Réseau ferré (2013) : **0 km**
- Trafic aérien (2013) : **423** (1)

(1) Milliers de passagers par an

Tourisme

- Hôtels homologués (2013) : **26**
- Nuitées (2013) : **349 000**

Spécialités agricoles

Légumes, tubercules, riz, fruits

Spécialités industrielles

Pêche industrielle, mines et carrières, industrie du bois, industrie agro-alimentaire, industrie spatiale

Spécialités culinaires et produits

Vanille, crevettes, colombo (poulet, iguane), ragoûts (pécaris, tapirs), piment de Cayenne

Autres grands sites touristiques

Sites naturels : Roura (forêt amazonienne), tortues de Awala-Yalimapo, réserve naturelle de Kaw, îles du Salut ;
site culturel : centre spatial de Kourou,

Généralités

Habitants : ***les Réunionnais***

Préfecture régionale : **St-Denis**

Sous-préfectures : St-Benoît, St-Paul, St-Pierre

Superficie : **2 504 km²**

Population (2013) : **840 974** [1,3 %]

Densité (hab./km²) (2013) : **336** [116]

Variation relative moyenne (2006-2013) : **1 %** [0,5%]

Nombre de communes (2013) : **24**

Nombre de cantons (2013) : **49**

Président de région (2013) : ***Didier Robert***

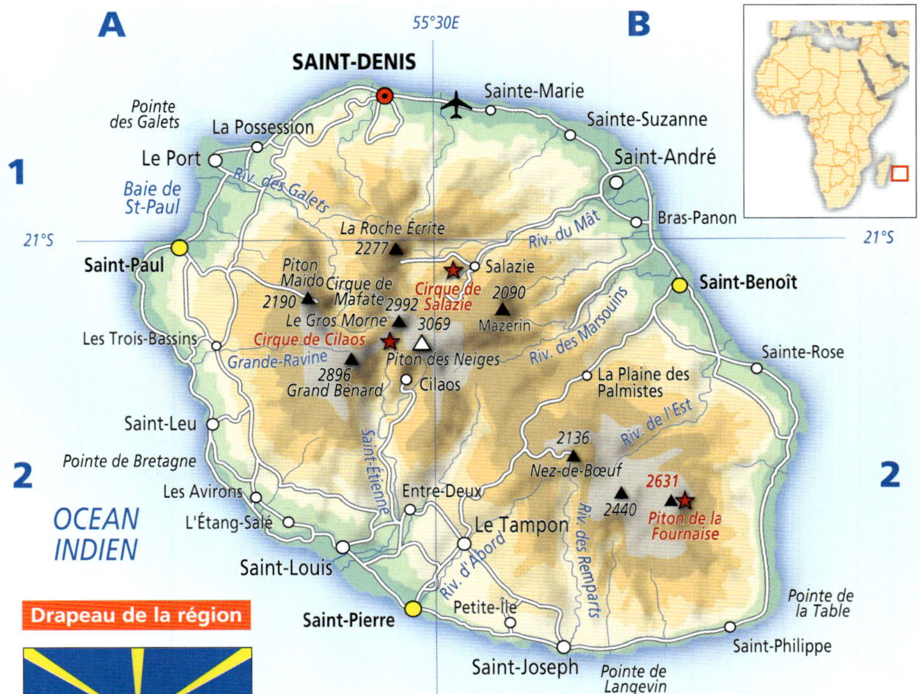

Drapeau de la région

Logo de la région

REGION REUNION
CONSEIL REGIONAL

Population des principales agglomérations (2010)

t-Denis *(les Dyonisiens)* : 174 973
t-Pierre : 158 726
t-Paul : 172 137
En **gras**, population de la préfecture

Démographie

- Part des moins de 20 ans (2013) : **32,2 %** [24,4 %]
- Part des plus de 75 ans (2013) : **3,8 %** [9,1 %]
- Accroissement naturel (2006-2013) : **1,3 %** [0,4 %]
- Population étrangère (2010) : **0,9 %** [5,9 %]
- Taux de natalité (2012) : **17,1 ‰** [12,4 %]
- Taux de mortalité (2012) : **5 ‰** [8,8 %]
- Espérance de vie à la naissance (2012) :
  femmes : **83,2** [84,9]
  hommes : **76,6** [78,5]

Economie

Emploi

- Taux de chômage (2013) : **30 %** [9,9 %]
- Allocataires au RSA (2012) : **29,5 %** [6,6 %]

Niveau de vie

- Revenu fiscal médian déclaré par les ménages (2011) : **10 536 €** [19 218 €]
- Part des ménages propriétaires (2010) : **52,4 %** [57,8%]

Puissance économique régionale

Créations d'entreprises (2013)(1)

- Nombre de création d'entreprises : 6 492 [520 997]
- Part du total France métropolitaine : 1,2 % [96,8%]
- Taux de création : 14,1 % [14,4 %]

Transports

- Autoroutes (2011) : **0 km**
- Routes dépatementales (2011) : **723 km**
- Réseau ferré (2013) : **0 km**
- Trafic aérien (2013) : **2 062** (1)

(1) Milliers de passagers par an

Tourisme

- Hôtels homologués (2013) : **58**
- Nuitées (2013) : **825 000**

Spécialités agricoles

Canne à sucre, fruits, légumes

Spécialités culinaires et produits

Vanille, cannelle, achard, cari (poulet, poisson), rougail, piments

Autres grands sites touristiques

Sites naturels : piton de la Fournaise, cirques (Cilaos, Salazie, Mafate), jardin de l'État, **sites culturels :** aquarium de la Réunion, conservatoire des tortues, domaine du Grand Hazier, maison Folio, cimetière marin

Les chiffres rouges rappellent la moyenne nationale. **(1)** : voir glossaire en fin d'ouvrage

MAYOTTE

Drapeau et logo de la région

Généralités

Habitants : ***les Mahorais***

Préfecture régionale : **Mamoudzou**

Superficie : **376 km²**

Population (2012) : **212 600** [0,4 %]

Densité (hab./km²) (2012) : **565** [116]

Variation relative moyenne (2007-20012) : **2,7 %** [0,5%]

Nombre de communes (2013) : **17**

Nombre de cantons (2013) : **19**

Président de région (2013) : ***Daniel Zaïdanie***

Population des principales agglomérations (2010)

Mamoudzou *(les Mamoudzous)* : 57 280

Koungou : 26 500

Démographie

- Part des moins de 20 ans (2013) : **54,3 %** [24,9 %]
- Part des plus de 75 ans (2013) : **0,8 %** [8,5 %]
- Accroissement naturel (2002-2007) : **3,1 %** [0,4 %]
- Population étrangère (2010) : **40 %** [5,8 %]
- Taux de natalité (2012) : **41 ‰** [12,4 %]
- Taux de mortalité (2012) : **7,7 ‰** [8,8 %]
- Espérance de vie à la naissance (2012) : femmes : **61** *[84,1]* hommes : **76** [77,3]

Economie

Emploi

- Taux de chômage (2012) : **36,6 %** [9,9 %]
- Allocataires au RSA (2012) : **0,15 %** [6,6 %]

Puissance économique régionale

Transports

- Routes nationales (2011) : **86 km**
- Routes départementales (2011) : **137 km**
- Réseau ferré (2013) : **0 km**
- Trafic aérien (2008) : **264** (1)

(1) Milliers de passagers par an

Spécialités agricoles

Essence d'ylang-ylang, vanille, manioc, canelle, girofle

Spécialités artisanales

Broderie, poterie, vannerie, bois sculpté, bijoux

Spécialités culinaires et produits

Brochettis, mataba, kakamoku, pilao, mabawa, samoussas

Autres grands sites touristiques

Sites naturels : le lagon et les récifs, les plages de Grande-Terre et Petite-Terre, lac de cratère de Dziani, le Trou du Prophète, le cirque de Bambao

A

Abbeville, 42 A1
Abers, Les, 12 A2
Ablis, 24 A2
Abondance, 48 D1
Acoua, MAY., 54 A1
Adour, Fl., 6 A3
Agde, 26 C2
Agde, Cap d', 26 C2
Agen, 6 C2
Agenais, Rég., 6 C2
Agon, Pte d', 36 A1
Agon-Coutainville, 36 A1
Agout, Riv., 32 C2
Agriates, Dés. des, 18 B1
Ahun, 28 C1
Aigoual, Mt, 26 C1
Aigre, 44 C3
Aiguebelle, 48 D2
Aigueperse, 8 B1
Aigues-Mortes, 26 D2
Aiguille du Midi, 48 D2
Aigurande, 28 B1
Ailefroide, 46 C2
Ailly-sur-Noye, 42 B2
Aime, 48 D2
Ain, Dép., 48 C1
Ain, Riv., 20 A2
Airaines, 42 A2
Aire, Col d', 34 B2
Aire-sur-l'Adour, 6 B3
Aire-sur-la-Lys, 34 B2
Airvault, 44 B2
Aisne, Dép., 42 C2
Aisne, Riv., 16 B2
Aix-en-Provence, 46 B3
Aix-les-Bains, 48 C2
Aixe-sur-Vienne, 28 B2
Aizenay, 40 B3
Ajaccio, 18 A2
Ajaccio, G. d', 18 A2
Alagnon, Riv., 8 B2
Albâtre, Côte d', 38 A2
Albères, Chaîne des, 26 B-C3
Albert, 42 B1
Albertville, 48 D2
Albi, 32 D2
Albigeois, Rég., 32 C-D2
Alençon, 36 C2
Aléria, 18 B1
Aléria, Pl. d', 18 B1
Alès, 26 D1
Alésia, 48 C2
Alfortville, 24 B3
Allaire, 12 D2
Allanche, 8 A2
Alleuze, 8 B3
Allègre, 8 B2
Allègre, Pte, 50 A1
Allevard, 48 D2
Allier, Dép., 8 A-B1
Allier, Riv., 8 B2
Allonnes, 40 D2
Allos, Col 46 C2
Alpes-de-Haute-Provence, Dép., 46 C2
Alpes-Maritimes, Dép., 46 C-D2
Alpilles, Mgnes, 46 A3
Alsace, Ballon d', 4 B3
Alsace, Pl. d', 4 B2-3
ALSACE, 4
Altkirch, 4 B3
Ambazac, 28 B2
Ambérieu-en-Bugey, 48 C2
Ambert, 8 B2
Amboise, 14 B2
Ambrières-les-Vallées, 40 C1
Amélie-les-Bains, 26 B3
Amiens, 42 B2
Amoux, Pays d', 20 A2
Ance, Riv., 8 B2
Ancenis, 40 B2
Ancerville, 30 A2
Anie, Pic d', 6 B4
Ancy-le-Franc, 10 C2
Andelle, Riv., 38 B2
Andelot, 16 C3
Andernos-les-Bains, 6 A2
Anduze, 26 D1
Anet, 14 B1
Angerville, 22 B2
Angers, 40 C2
Angles-sur-l'Anglin, 44 C2
Anglet, 6 A3
Anglure, 16 A3
Angoulême, 44 C3
Angoumois, Rég., 44 B-C3
Aniche, 34 C2
Anjou, Région, 40 C2
Anizy-le-Château, 42 C2
Annecy, 48 D2
Annecy, Lac d' 48 D2
Annecy-le-Vieux, 48 D2
Annemasse, 48 D1
Annonay, 48 B2
Annot, 46 C3
Anse-Bertrand, 50 A2
Antibes, 46 D3
Antifer, C. d', 38 A2
Antigues, Pte d', GUAD, 50 A1
Antioche, Pertuis d', 44 A2
Antony, 24 b3
Antrain, 12 E1
Anjou, Région, 40 C2
Apt, 46 B3
AQUITAINE, 6
Arbois, 20 A2
Arc, Riv., 48 D2
Arc-et-Senans, 20 A1
Arcachon, 6 A2
Arcachon, Bassin d' 6 A2
Arcis-sur-Aube, 16 B2
Arcueil, 24 B3
Ardèche, Dép., 48 B3
Ardèche, Parc des Monts, 48 B3
Ardèche, Riv., 48 B3
Ardennes, Dép., 16 B2
Ardes, 8 B2
Ardres, 34 A2
Argelès-Gazost, 32 A2
Argelès-sur-Mer, 26 C3
Argens, Fl., 46 C3
Argent, Côte d', 6 A3
Argentan, 36 C2
Argentat, 28 B2
Argenteuil, 24 A2
Argenton-Château, 44 B2
Argenton-sur-Creuse, 14 B3
Argentré, 40 C1
Argentré-du-Plessis, 12 E1
Argonne, Forêt d', 16 B-C2
Argonne, Rég., 30 A1
Argueil, 38 B2
Ariège, Dép., 32 C3
Ariège, Riv., 32 C2
Arleux, 34 C2
Arize, Massif de l', 32 C2-3
Arlanc, 8 B2
Arlempdes, 8 B3
Arles, 46 A3
Armançon, Riv., 10 B2
Armentières, 34 B2
Armorique, Parc d', 12 A2
Arnage, 40 D2
Arnay-le-Duc, 10 C2
Arpajon, 24 B2
Arpajon-sur-Cère, 8 A3
Arques, 34 B2
Arradon, 12 D2
Arras, 34 B2
Arrée, Mts d', 12 B-C1
Ars-en-Ré, 44 A2
Artenay, 14 B1
Artois, Collines de l', 34 A-B2
Artois, Rég., 34 A-B2
Asco, 18 B1
Asnières-sur-Seine, 24 b2
Aspe, Gave d', 6 B3
Aspin, Col d', 32 B3
Aspre-sur-Buëch, 46 B2
Aspres, Rég., 26 B3
Astaffort, 6 C2
Athis-de-l'Orne, 36 B2
Attichy, 42 C2
Aubagne, 46 B3
Aube, Dép., 16 A-B3
Aube, Riv., 16 B3
Aubenas, 48 B3
Aubervilliers, 24 B2
Aubeterre-sur-Dronne, 44 C3
Aubière, 8 B2
Aubigny-en-Artois, 34 B2
Aubigny-sur-Nère, 14 C2
Aubisque, Col d' 6 B4
Aubrac, Rég., 26 C1
Aubusson, 28 C2
Auch, 32 B2
Auchel, 34 B2
Aude, Dép., 26 B2
Aude, Riv., 26 B2
Audierne B. d', 12 B2
Audun-le-Roman, 30 A1
Auge, Pays d', 36 C1
Aulnay, 44 B2
Aulnay-sous-Bois, 24 C2
Aulne, Fl., 12 C1
Aulnoye-Aymeries, 34 C2
Ault, 42 A1
Aulus-les-Bains, 32 C3
Aumale, 38 B2
Aumont-Aubrac, 26 C1
Aunay-sur-Odon, 36 B1
Aups, 46 C3
Auray, 12 D2
Aurec-sur-Loire, 8 C2
Aurillac, 8 A3
Authie, Fl., 34 A2
Autun, 10 C3
Autunois, Rég., 10 C3
AUVERGNE, 8
Auvers, 8 B3
Auvillar, 32 B1
Auxi-le-Château, 34 B2
Auxerre, 10 B2
Auxerrois, Rég., 10 B2
Auxonne, 10 D2
Auzances, 28 C1
Auzon, 8 B2
Avallon, 10 B2
Avaloirs, Mt. des, 40 C1
Avesnes-le-Comte, 34 B2
Aveyron, Dép., 32 D1
Aveyron, Riv., 32 D1
Avignon, 46 A3
Avranches, 36 A2
Avre, Riv., 38 A3
Avrillé, 40 C2
Awala-Yalimapo, 52 B1
Ax-les-Thermes, 32 C3
Axat, 26 B3
Ay, 16 B2
Aygues, Riv., 46 A2
Ayrolles, Etang de l', 26 C2
Aytré, 44 A2
Azur, Côte d', 46 D3

B

Baccarat, 30 B2
Bacqueville-en-Çaux, 38 B2
Bages-Sigean, Etang de, 26 C2
Bagnères-de-Bigorre, 32 B2
Bagnères-de-Luchon, 32 B3
Bagneux, 24 B3
Bagnolet, 24 B2
Bagnols-les-Bains, 26 C1
Bagnols-sur-Cèze, 26 D1
Baie-Mahault, 50 A1
Bailleul, 34 B2
Baillif, 50 A1
Bain-de-Bretagne, 28 E2
Bains-les-Bains, 30 B2
Baïse, Riv., 32 B2
Balagne, Rég., 18 A1
Balaruc-les-Bains, 26 C2
Balleroy, 36 B1
Balma, 32 C2
Bandraboua, MAY., 54 A1
Bandrélé, MAY., 54 B1
Bannalec, 12 C2
Banyuls-sur-Mer, 26 C3
Bapaume, 34 B2
Bar-le-Duc, 30 A2
Bar-sur-Aube, 16 B3
Bar-sur-Seine, 16 B3
Baraqueville, 32 D1
Barbezieux-St-Hilaire, 44 B3
Barcelonnette, 46 C2
Barèges, 32 A3
Barentin, 38 A2
Barenton, 36 B2
Barfleur, 36 A1
Barfleur, Pte de, 36 A1
Barjac, 26 D1
Barjols, 46 C3
Barneville-Carteret, 36 A1
Baronnies, Rég., 48 C3
Barr, 4 B2
Barre-des-Cévennes, 26 C1
Barrême, 46 C3
Barrois, Plateau du, 16 B-C3
Bars, Côte des, 16 B3
Bas-en-Basset, 8 C2
Bas-Limousin, Rég., 28 B2
Bas-Poitou, Rég., 40 B-C3
Bas-Rhin, Dép., 4 B2
Basse-Marche, Rég., 28 B1
Basse-Navarre, Rég., 6 A3
BASSE-NORMANDIE, 36
Basse-Pointe, 50 A1
Basse-Terre, 50 A2
Basse-Terre, Rég., 50 A1
Bastelica, 18 B1
Bastelicaccia, 18 A2
Bastia, 18 B1
Batz, Î. de, 12 C1
Baud, 12 C2
Baugé, 40 C2
Baume-les-Dames, 20 B1
Bavay, 34 C2
Bavella, Col de, 18 B2
Bayard, Col, 46 B-C1
Bayeux, 36 B1
Bayon, 30 B2
Bayonne, 6 A3
Bazas, 6 B2
Bazois, Rég., 10 B2
Béarn, Rég., 6 B3
Beaucaire, 26 D2
Beauce, Rég., 14 B-C1
Beaucourt, 20 B1
Beaufort, 20 A2
Beaufort, 48 D2
Beaugency, 14 B2
Beaujeu, 48 B1
Beaulieu-sur-Dordogne, 28 B3
Beaumes-de-Venise, 46 B2
Beaumesnil, 38 A2
Beaumetz-les-Loges, 34 B2
Beaumont, 30 A2
Beaumont-de-Lomagne, 32 B2
Beaumont-Hague, 36 A1
Beaumont-le-Roger, 38 A2
Beaumont-sur-Oise, 22 B1
Beaumont-sur-Sarthe, 40 D1
Beaune, 10 C2
Beaupréau, 40 C2
Beauvais, 42 B2
Beauvaisis, Rég., 42 B2
Beauvoir-sur-Mer, 40 A3
Bécherel, 12 E1
Bédarieux, 26 C2
Bégard, 12 C1
Bègles, 6 B2
Belfort, 20 B1
Belgodère, 18 B1
Belin-Béliet, 6 B2
Bellac, 28 B1
Belle-Île-en-Mer, Î., 12 C2
Belle-Isle-en-Terre, 12 C1
Bellegarde-sur-Valserine, 48 C1
Bellême, 36 C2
Bellencombre, 38 B2
Belleville, 48 B1
Belley, 48 C2
Belmont-de-la-Loire, 48 B1
Belpech, 26 A2
Belz, 12 C2
Bénévent-l'Abbaye, 28 B1
Benfeld, 4 B2
Béniguet, Î. de, 12 B1
Berck, 34 A2
Bergerac, 6 C2
Bergues, 34 B2
Bernaville, 42 B1
Bernay, 38 A2
Berre, Etang de, 46 B3
Berry, Rég., 14 C3
Bertagne, Pic de , 46 B3
Besançon, 20 B1
Besbre, Riv., 8 B1
Besse-et-Ste-Anastasie, 8 A2
Bessin, Rég., 36 A-B1
Bessines-sur-Gartempe, 28 B1
Bessou, Mt, 28 C2

Bétheniville, 16 B2
Béthune, 34 B2
Béthune, Fl., 38 B2
Betton, 12 E1
Beuvron, Riv., 14 B2
Beuzeville, 38 A2
Beynat, 28 B2
Beynes, 22 A2
Béziers, 26 C2
Biarritz, 6 A3
Bierné, 40 C2
Biguglia, Étang, 18 B1
Billom, 8 B2
Biscarrosse, 6 A2
Biscarrosse, L. de, 6 A2
Bischheim, 4 B2
Bischwiller, 4 B2
Blagnac, 32 C2
Blain, 40 B2
Blamont, 30 B2
Blangy-le-Château, 36 C1
Blangy-sur-Bresle, 38 B2
Blavet, Riv., 12 C2
Blayais, Rég., 6 B1
Blaye, 6 B1
Blesle, 6 B2
Blésois, Rég., 14 B2
Bléonne, Riv., 46 C2
Bletterans, 20 A2
Blois, 14 B2
Bloscon, Pte de, 12 C1
Bobigny, 22 B2
Bocognano, 18 B1
Boën, 48 B2
Bohain-en-Vermandois, 42 C1
Boichaut, Rég., 14 B-C3
Bois-Colombes, 24 E1
Bois-Guillaume, 38 B2
Boissy-St-Léger, 24 C3
Bolbec, 38 A2
Bollène, 46 A2
Bondy, 24 C2
Bonhomme, Col du, 4 B2
Bonifacio, 18 B2
Bonifacio, Bouches de, 18 B2
Bonnat, 28 B1
Bonnétable, 40 D1
Bonneuil-Matours, 44 C2
Bonneuil-sur-Marne, 24 C3
Bonnette, Col de la, 46 C2
Bonneval, 14 B1
Bonneval-sur-Arc, 48 E2
Bonneville, 48 D1
Bonnières-sur-Seine, 22 A1
Bordeaux, 6 B2
Borgo, 18 B1
Bormes-les-Mimosas, 46 C3
Bort-les-Orgues, 8 A2
Bouaye, 40 B2
Boubriac, 12 C1
Bouches-du-Rhône, Dép., 46 A-B3
Bouéni, MAY., 54 A2
Bouillante, 50 A1
Boulay-Moselle, 30 B1
Boulogne, Riv, 40 B2
Boulogne, Bois de, 25
Boulogne-Billancourt, 24 A3
Boulogne-sur-Gesse, 32 B2
Boulogne-sur-Mer, 34 A2
Bourbon-l'Archambault, 8 B1
Bourbon-Lancy, 10 B3
Bourbonnais, Rég., 8 A-B1
Bourbonne-les-Bains, 16 C4
Bourbourg, 34 B2
Bourdeaux, 48 C3
Bourg, 6 B1
Bourg-en-Bresse, 48 C1
Bourg-la-Reine, 24 B3
Bourg-lès-Valence, 48 B3
Bourg-Madame, 26 A3
Bourg-St-Maurice, 48 D2
Bourganeuf, 28 B2
Bourg-Charente, 44 B3
Bourges, 14 C2
Bourget, L. du, 48 C2
Bourg-Lastic, 8 A2
Bourgneuf-en-Retz, 40 B2
Bourgogne, Cl de, 10 C2
Bourgoin-Jallieu, 48 C2
Bourgtheroulde-Infreville, 16 D3
Bourgueil, 14 A2
Bourmont, 16 C3
Boussac, 28 C1
Bouttencourt, 42 A2
Bouxwiller, 4 B2
Bouzonville, 30 B1
Braine, 42 C2
Brando, 18 B1
Brantôme, 6 C1
Brassac, 32 D2
Bray, Pays de, 38 B2
Bray-Dunes, 34 B1
Bray-sur-Seine, 24 C2
Bray-sur-Somme, 42 B1
Brécey, 36 A2
Bréhal, 36 A2
Bréhat, Î. de, 12 D1
Breil-sur-Roya, 46 D3
Brenne, Parc de la, 14 B3
Brenne, Rég., 14 B3
Bresle, Riv., 38 B2
Bresse, Rég., 10 D3
Bresse, Rég., 48 B-C1
Bressuire, 44 B2
Brest, 12 B1
Brest, Rade de, 12 B1
BRETAGNE, 12
Bretenoux, 32 C1
Breteuil, 38 A3
Breteuil, 42 B2
Breton, Bocage, 12 E1
Breton, Pertuis, 40 B3
Bretteville-sur-Laize, 36 B1
Briançon, 46 C2
Briare, 14 C2
Bricquebec, 36 A1
Brie, Rég., 22 C2
Brie-Comte-Robert, 24 C4
Briec, 12 C1
Brienne-le-Château, 16 B3
Brière, Parc de, 40 A2
Briey, 30 A1
Brignoles, 46 C3
Brionne, 38 A2
Brioude, 8 B2
Briouze, 36 B2
Brissac-Quincé, 40 C2
Brive-la-Gaillarde, 28 B2
Broglie, 38 A2
Broons, 12 D1
Brotonne, Parc de, 38 A2
Brou, 14 B1
Bruay-la-Buissière, 34 B2
Brumath, 4 B2
Bruyères, 30 B2
Bruz, 12 E1
Bry-sur-Marne, 24 C3
Bugeat, 28 B2
Buis-les-Baronnies, 48 C3
Buxy, 10 C3
Buzançais, 14 B3

C

Cabardès, Rég., 26 B2
Cabre, Col de, 48 C3
Cabourg, 36 B1
Cachan, 24 E2
Cadillac, 6 B2
Caen, 36 B1
Cagnes-sur-Mer, 46 D3
Cahors, 32 C1
Calacuccia, 18 B1
Calais, 34 A2
Calenzana, 18 A1
Callac, 12 C1
Calvados, Dép., 36 B1
Calvi, 18 A1
Camarès, 32 D2
Camargue, Parc de, 46 A3
Cambrai, 34 C2
Cambremer, 36 C1
Cambrésis, Rég., 34 C2
Camopi, 50 B2
Campagne-les-Hesdin, 34 A2
Candé, 40 B2
Canet, Étang de, 26 C3
Canet-en-Roussillon, 26 B3
Canigou, Pic du, 26 B3
Canisy, 36 A1
Cannes, 46 D3
Cantal, Dép., 8 A2
Cantal, Mts du, 8 A2
Cantal, Plomb du, 8 A2
Cantal, Rég., 8 A2
Cany-Barville, 38 A2
Cap-Corse, Rég., 18 B1
Cap-Ferret, 6 A2
Capbreton, 6 A3
Capcir, Rég., 26 B3
Capestang, 26 C2
Capesterre-de-Marie-Galante, 50 B2
Caravelle, Presq' île de la, 52 B1
Carcasses, Rég., 26 B2
Carcassonne, 26 B2
Carentan, 36 A1
Cargèse, 18 A1
Carhaix-Plouguer, 12 C1
Carjarc, 32 C1
Carlit, Pic, 26 A3
Carmaux, 32 D1
Carnac, 28 C2
Carpentras, 46 B2
Carrouges, 36 B2
Carvin, 34 B2
Cassel, 34 B2
Cassis, 46 B3
Castagniccia, 18 B1
Castellane, 46 C3
Castelnau-de-Médoc, 6 B1
Castelnau-le-Lez, 26 C2
Castelnau-Montratier, 32 C1
Castelnaudary, 26 A2
Castelsarrasin, 32 C1
Castets, 6 A3
Castillon, L. de, 46 C3
Castillon-en-Couserans, 32 C3
Castillon-la-Bataille, 6 B2
Castillonès, 6 C2
Castres, 32 D2
Cats, Mt des, 34 B2
Caudebec-en-Caux, 38 A2
Caudry, 34 C2
Caulnes, 12 D1
Caumont-l'Éventé, 36 B2
Caussade, 32 C1
Causses, Parc des Grands, 32 D-E2
Cauterets, 32 A3
Caux, Pays de, 38 A1
Cavaillon, 46 B3
Cavalaire-sur-Mer, 46 C3
Cavallo, Île, 18 B2
Cayenne, 52 B2
Cayers, 8 B3
Cayeux-sur-Mer, 42 A1
Caylus, 32 C1
Cayolle, Col de la, 46 C2
CENTRE, 14
Centre, Canal du, 10 C3
Cerbère, Cap, 26 C3
Cère, Riv., 8 A3
Céret, 26 B3
Cergy-Pontoise, 22 B1
Cerilly, 8 A1
Cerizay, 44 B2
Cernay, 4 B3
Cervione, 18 B1
Cesson-Sévigné, 12 E1
Cévennes, Parc National des, 26 C1
Cévennes, Rég., 26 C1
Cézallier, Rég., 8 A-B2
Chabanais, 44 C3
Chabeuil, 48 C3
Chablis, 10 B2
Chadenac, 44 B3
Chailland, 40 C1
Chaillé-les-Marais, 40 B3
Chaise-Dieu, La, 8 B2
Chalabre, 26 B3
Chalais, 44 C3
Chalençon, 8 B2
Chalindrey, 16 C4
Challans, 40 B3
Chalon-sur-Saône, 10 C3
Chalonnes-sur-Loire, 40 C2
Châlons-en-Champagne, 16 B3
Chalosse, Rég., 6 B3
Châlus, 28 A2
Chambéry, 48 C2
Chambon-sur-Voueize, 28 C1
Chambord, 14 B2
Chamonix-Mont-Blanc, 48 D2
Champagne, Rég., 44 B3
CHAMPAGNE-ARDENNE, 44
Champagne-Berrichonne, Rég., 14 B3
Champagne-Humide, Rég., 16 B3
Champagne-Pouilleuse, Rég., 16 B3
Champagne-sur-Seine, 22 B2
Champagnole, 20 A2
Champdeniers, 44 B2
Champenoise, Côte, 16 A3
Champigny-sur-Marne, 24 C3
Champlitte, 20 A1
Champtoceaux, 40 B2
Champs-sur-Marchal, 8 A2
Chantepie, 12 E1
Chantilly, 42 B2
Chantonnay, 40 B3
Chaource, 16 B3
Charente, Dép., 44 C2
Charente, Fl., 44 B3
Charente-Maritime, Dép., 44 B2-3
Charenton-le-Pont, 24 B3
Charleville-Mézières, 16 B2
Charlieu, 48 B1
Charly, 42 C2
Charmes, 30 B2
Charny, 10 B2
Charolais, Mts du, 10 C3
Charolais, Rég., 10 C3
Charolles, 10 C3
Charroux, 8 B1
Chartres, 14 B1
Chartreuse, Parc de, 48 C1
Chassiron, Pte de, 44 A2
Château, Pte du, 12 C1
Château-Chinon, 10 B2
Château-d'olonne, 40 B3
Château-du-Loir, 40 D2
Château-Gontier, 40 C2
Château-la-Vallière, 14 A2
Château-Landon, 22 B2
Château-Queyras, 46 C2
Château-Renault, 14 A2
Château-Salins, 30 B2
Château-Thierry, 42 C2
Châteaubourg, 12 E1
Châteaubriant, 40 B2
Châteaudun, 14 B1
Châteaugiron, 12 E1
Châteaulin, 12 A2
Châteaumeillant, 14 C3
Châteauneuf-d'Ille-et-Vilaine, 12 E1
Châteauneuf-de-Randon, 26 C1
Châteauneuf-du-Faou, 12 C1
Châteauneuf-du-Pape, 46 A2
Châteauneuf-en-Thimerais, 14 B1
Châteauneuf-les-Bains, 8 A1
Châteauneuf-sur-Loire, 14 C2
Châteauneuf-sur-Sarthe, 40 C2
Châteauponsac, 28 B1
Châteauroux, 14 B3
Châteaux, Pte des, 50 B1
Châteldon, 8 B2
Châtelguyon, 8 B2
Châtel-Montagne, 8 B1
Châtellerault, 44 C2
Châtenay-Malabry, 24 B3
Châtenois, 30 A2
Châtillon, 24 B3
Châtillon-Coligny, 14 C2
Châtillon-en-Diois, 48 C3
Châtillon-sur-Chalaronne, 48 B1
Châtillon-sur-Indre, 14 B3
Châtillon-sur-Loire, 14 C2
Châtillon-sur-Marne, 16 A2
Châtillon-sur-Seine, 10 C2
Châtre, 44 B3
Chaudes-Aigues, 8 B3
Chauffailles, 10 C3
Chaulnes, 42 B2
Chaumont, 16 C3
Chaumon, Rég., 20 B1
Chaumont-Buttes, 24 B2
Chaumont-en-Vexin, 42 A2
Chaumont-sur-Loire, 14 B2
Chauny, 42 C2
Chaussey, Îs, 36 A2
Chaussin, 20 A2
Chauvigny, 44 C2
Chaville, 24 A3
Chazelles-sur-Lyon, 48 B1
Chef-Boutonne, 44 B2
Chelles, 22 B2

Chemillé, 40 C2
Chénérailles, 28 C1
Chennevières-sur-Marne, 24 C3
Chenonceaux, 14 B2
Cher, Dép., 14 B2
Cher, Riv., 14 B2
Cherbourg, 36 A1
Chéroy, 10 B1
Chevagnes, 8 B1
Chevilly-la-Rue, 24 B3
Chèvre, C. de la, 12 A2
Chevreuse, Parc de la Haute Vallée de, 22 A-B2
Chiconi, MAY., 54 A2
Chinon, 14 A2
Chirongui, MAY., 54 A2
Choisy-le-Roi, 24 B3
Cholet, 40 C2
Chouvigny, 8 A1
Cilaos, 53 A2
Cintegabelle, 32 C2
Cinto, Mt, 18 A1
Civray, 44 C2
Clairveaux-les-Lacs, 20 A2
Clamart, 24 B3
Clamecy, 10 B2
Claye-Souilly, 22 B2
Cléguérec, 12 C1
Clelles, 48 C3
Clemont, 14 C2
Clères, 38 B2
Clermont, 42 B2
Clermont-Ferrand, 8 B2
Clermont-l'Hérault, 26 C2
Clerval, 20 B1
Clichy, 24 B2
Clichy-sous-bois, 24 C2
Clisson, 40 B2
Cluny, 10 C3
Cluses, 48 D1
Cognac, 44 B3
Cogolin, 46 C3
Colibri, Pte des, 50 A1
Coligny, 48 C1
Collioure, 26 C3
Colombiers, 44 C2
Colmar, 4 B2
Colmars, 46 C2
Colombes, 24 A2
Colombey-les-Deux-Églises, 16 B3
Colomiers, 32 C2
Combeaufontaine, 20 A1
Combourg, 12 E1
Combrailles, Rég., 8 A1
Commentry, 8 A1
Commercy, 30 A2
Comminges, Rég., 32 B2-3
Compiègne, 42 B2
Concarneau, 12 C2
Conches-sur-Ouche, 38 A3
Condat, 8 A2
Condé-sur-l'Escaut, 34 C2
Condé-sur-Noireau, 36 B2
Condom, 32 B2
Conflans-en-Jarnisy, 30 A1
Conflans-Ste-Honorine, 22 B1
Conflent, Rég., 26 B3
Confolens, 44 C2
Confolentais, Rég., 44 C2
Conquel, Pte du, 12 C2
Conlie, 40 C1
Connerré, 40 D1
Conques, 32 D1
Conques-sur-Orbiel, 26 B2
Contres, 14 B2
Contrexéville, 30 A2
Conty, 42 B2
Corbeil-Essonnes, 22 B2
Corbières, Rég., 26 B2
Corbigny, 10 B2
Cordes-sur-Ciel, 32 C1
Corlay, 12 C1
Cormeilles, 38 A2
Corme-Royal, 44 B3
Cornouaille, 12 B-C1
Corps, 48 C3
Corrèze, 28 B2
Corrèze, Dép., 28 B-C2
Corrèze, Riv., 28 B2
CORSE, 18
Corse-du-Sud, Dép., 18 B2
Corse, Parc de, 18 A-B1
Corte, 18 B1
Cosne-Cours-sur-Loire, 10 A2
Cosne-d'Alliers, 8 A1
Cossé-le-Vivien, 40 C2
Côte-d'Amour, 40 A2
Côte-d'Argent, 6 A3
Côte-de-Jade, 40 A2
Côte-d'Or, Dép., 10 C2
Côte-d'Or, Rég., 10 C2
Cotentin, Rég., 36 A1
Cotentin-et-du-Bessin, Parc des Marais du, 36 A1
Côtes-d'Armor, Dép., 12 C1
Coubre, Pte de la, 44 A3
Coucouron, 48 A3
Coudekerque-Branche, 34 B1
Couhé, 44 C2
Couiza, 26 B3
Coulaines, 40 D1
Coulanges-sur-Yonne, 10 B2
Coulgens, 44 C3
Coulommiers, 22 C2
Coulonges-sur-l'Autize, 44 B2
Couptrain, 40 C1
Courbevoie, 24 A2
Courcôme, 44 C3
Courpière, 8 B2
Coursan, 26 C2
Coursegoules, 46 D3
Courtomer, 36 C2
Coutances, 36 A1
Coutras, 6 B1
Cozes, 44 B3
Craon, 40 C2
Craponne-sur-Arzon, 8 B2
Crécy-en-Ponthieu, 42 A1
Crécy-la-Chapelle, 22 B2
Crécy-sur-Serre, 42 C2
Creil, 42 B2
Crémieu, 48 C2
Crepy-en-Vallois, 42 B2
Cressac, 44 C3
Crest, 48 C3
Créteil, 24 C3
Creully, 36 B2
Creuse, Dép., 28 C1
Creuse, Riv., 14 B3
Creutzwald, 30 B1
Crèvecœur-le-Grand, 42 A2
Criquetot-l'Esneval, 38 A2
Crocq, 28 C2
Croisic, Pte du, 40 A2
Croisilles, 34 B2
Croix-Haute, Col de la, 48 C3
Crozon, 12 A1
Crozon, Presq. de, 12 A1
Cuiseaux, 10 D3
Cunlhat, 8 B2
Cure, Riv., 10 B2
Cusset, 8 B1
Cysoing, 34 C2

D

Damazan, 6 C2
Dammarie-les-Lys, 22 B2
Dammartin-en-Goële, 22 B1
Dampierre, 20 A1
Dampierre-en-Yvelines, 22 B2
Damville, 38 B3
Dangé-St-Romain, 44 C2
Danjoutin, 20 B1
Dannemarie, 4 B3
Darney, 30 B2
Dax, 6 A3
Deauville, 36 C1
Débarquement, Plages du, 36 B1
Decazeville, 32 D1
Decize, 10 B3
Delle, 20 C1
Dembéni, MAY., 54 B2
Denain, 34 C2
Der-Chantecoq, L. du, 16 B3
Derval, 40 B2
Descartes, 14 A3
Deshaies, 50 A1
Desvres, 34 A2
Deux-Sèvres, Dép., 44 B2
Dévoluy, Rég., 46 B2
Diable, Île du, 52 B1
Diamant, Pte du, 51 A2
Die, 48 C3
Dieppe, 38 B2
Dieulefit, 48 C3
Dieuze, 30 B2
Digne-les-Bains, 46 C2
Digoin, 10 B3
Dijon, 10 D2
Dinan, 12 D1
Dinard, 12 D1
Dives, Fl., 36 B1
Divonne-les-Bains, 48 D1
Dol-de-Bretagne, 12 E1
Dole, 20 A1
Dombes, Rég., 48 C1
Dôme, Puy de, 8 A2
Domérat, 8 A1
Domfront, 36 B2
Domme, 6 D2
Dompaire, 30 B2
Dompierre-sur-Besbre, 8 B1
Domrémy-la-Pucelle, 30 A2
Donges, 40 A2
Donnemarie-Dontilly, 22 C2
Donzenac, 28 B2
Dordives, 14 C1
Dordogne, Dép., 6 C1
Dordogne, Riv., 6 C2
Dormans, 16 A2
Douai, 34 C2
Douarnenez, 12 B1
Douarnenez, 12 B1
Double, Rég., 6 C1
Doubs, Dép., 20 B1
Doubs, Riv., 20 B1
Doudeville, 38 A2
Doué-la-Fontaine, 40 C2
Doullens, 40 B1
Dourdan, 22 B2
Douvaine, 48 D1
Douvres-la-Délivrance, 36 B1
Douze, Riv., 6 B2
Dozulé, 36 C1
Draguignan, 46 C3
Drac, Riv., 48 C3
Drancy, 24 C2
Dreux, 14 B1
Drôme, Dép., 48 C3
Drôme, Riv., 48 C3
Dronne, Riv., 6 B1
Drulingen, 4 B2
Ducey, 36 A2
Ducos, 51 B1
Dugny, 24 B2
Dun-le-Palestel, 28 B1
Dun-sur-Auron, 14 C3
Dun-sur-Meuse, 30 A1
Dunkerque, 34 B1
Dunois, Rég., 14 B1
Durance, Riv., 46 B3
Duras, 6 C2
Durtal, 40 C2
Dzaoudzi, MAY., 54 B2

E

Eauze, 32 A2
Ébreuil, 8 B12
Échirolles, 48 C2
Écommoy, 40 D2
Écos, 38 B2
Écouché, 36 B2
Écouen, 22 B1
Écouves, Forêt d', 36 B-C2
Écouves, Signal d', 36 B2
Écrins, Barre des, 48 D3
Écrins, Parc des, 48 D3
Égletons, 28 C2
Ékiny, 52 B2
Élancourt, 24 A2
Elbeuf, 38 B2
Elne, 26 B3
Elven, 12 D2
Embrun, 46 C2
Émeraude, C. d', 12 D1
Ennezat, 8 B2
Ensisheim, 4 B3
Entraygues-sur-Truyère, 32 D1
Entre-Deux-Mers, Rég., 6 B2
Entrevaux, 46 C3
Envalira, Port d', 26 A3
Envermeu, 38 B2
Épernay, 16 A2
Épernon, 14 B1
Épinal, 30 B2
Épinay-sur-Seine, 24 B2
Epte, Riv., 24 A1
Équeurdreville-Hainneville, 36 A1
Ernée, 40 C1
Erquy 12 D1
Erstein, 4 B2
Ervy-le-Châtel 16 A3
Escaut, Riv., 34 C2
Escurolle, 8 B1
Espalion, 32 D1
Espelette, 6 A3
Espinouse, Rég., 26 B2
Essone, Riv., 22 B2
Essonne, Dép., 22 B2
Est, Cl de l', 30 B2
Estagel, 26 B3
Estaires, 34 B2
Estats, Pic d', 32 C3
Estérel, Mgnes, 46 C3
Esternay, 16 A3
Estrées-St-Denis, 42 B2
Étables-sur-Mer, 12 D1
Étampes, 22 B2
Étaples, 34 A2
Étrépagny, 38 B2
Étretat, 38 A2
Eu, 38 B1
Eure, Dép., 38 A3
Eure, Riv., 38 B2
Eure-et-Loire, Dép., 14 B1
Évaux-les-Bains, 28 C1
Évian-les-Bains, 48 D1
Evisa, 18 A1
Évrecy, 36 B1
Évreux, 38 B2
Évron, 40 C1
Évry, 22 B1
Eygurande, 28 C2
Eymoutiers, 28 B2

F

Falaise, 36 B2
Fanjeaux, 26 B2
Faulquemont, 30 B1
Fauquemberges, 34 B2
Fauville-en-Caux, 38 A2
Faverney, 20 B1
Fayence, 46 C3
Fay-sur-Lignon, 8 C3
Fécamp, 38 A2
Felletin, 28 C2
Fénétrange, 30 C1
Fenioux, 44 B3
Fenouillèdes, Rég., 26 B3
Fère-Champenoise, 16 A3
Fère-en-Tardenois, 42 C2
Ferré, Cap, 51 B2
Ferrette, 4 B3
Feurs, 48 B2
Figari, 18 B2
Figeac, 32 D1
Finistère, Dép., 12 B-C1
Firminy, 48 B2
Fismes, 16 A2
Flandres, Pl. des, 34-34 B2
Flers, 36 B2
Fleurance, 32 B2
Fleurie, Côte, 36 B-C1
Fleury-sur-Andelle, 38 B2
Flumet, 48 D2
Foix, 32 C3
Fonds-St-Denis, 51 A1
Font-Romeu, 26 B3
Fontainebleau, Forêt de, 22 B2
Fontaine-le-Dun, 38 A2
Fontainebleau, 22 B2
Fontenay-aux-Roses, 24 B3
Fontenay-le-Comte, 40 C3
Fontenay-sous-Bois, 24 C3
Fontrevaud-l'Abbaye, 40 D2
Forbach, 30 B1
Forcalquier, 46 B3
Forêt-d'Orient, Lac de la, 16 B3
Forêt-d'Orient, Parc de la, 16 B3
Forez, Pl. du, 48 B2
Forges-les-Eaux, 38 B2

Formerie, 42 A2
Fort-de-France, 51 A1
Fort-Mahon-Plage, 42 A1
Fos-sur-Mer, 46 A3
Fouesnant, 12 C2
Fougères, 12 E1
Fourmies, 34 D2
Fours, 10 B3
Fraize, 30 C2
Franc-Alleud, Rég., 28 C2
FRANCHE-COMTÉ, 20
Franche-Comté, Rég., 20 B3
Frasne, 20 B2
Frayssinet-le-Gélat, 32 C1
Fréhel, C., 12 D1
Fréjus, 46 C3
Fresnay-sur-Sarthe, 40 D1
Fresnes, 24 B3
Fresnes-en-Woëvre, 30 A1
Frévent, 34 B2
Froissy, 42 B2
Fromentine, 40 A3
Fronsac, 6 B2
Frontenay-Rohan-Rohan, 44 B2
Frontignan, 26 C2
Fruges, 34 B2
Fumay, 16 B1
Fumel, 6 C2

G

Gabarret, 6 C3
Gacé, 36 C2
Gagny, 24 C2
Gaillac, 32 C2
Gaillon, 38 B2
Galets, Pte des, 53 A1
Galibier, Col du, 48 D2
Gamaches 42 A2
Gannat, 8 B1
Gap, 46 D2
Garbet, Pitons du, 52 A1
Garches, 24 A3
Gard (ou Gardon), Riv., 26 D2
Gard, Dép., 26 D1
Gardon (voir Gard, Riv.)
Gardon-d'Alès, Riv., 26 C-D1
Garonne, Fl., 6 B2
Garrigues, Rég., 26 C-D2
Gartempe, Riv., 28 B1
Gascogne, G. de, 6 A3
Gascogne, Rég., 6 B3
Gâtinais, Parc, 22 B2
Gâtine, Rég., 14 A2
Gavarnie, 32 B3
Gavray, 36 A2
Gazaubon, 32 A2
Gélas, Cime du, 46 D2
Gémozac, 44 B3
Gençay, 44 C2
Gennes, 40 C2
Gennevilliers, 24 B2
Génolhac, 26 C1
Gentilly, 24 B3
Gentioux, 28 C2
Gentioux, Plat. de, 28 B2
Gerardmer, 30 B2
Gerbéviller, 30 B2
Gerbier-de-Jonc, Mt, 48 B3
Gers, Dép., 32 B2
Gers, Riv., 32 B2
Gévaudan, Parc du, 26 C1
Gévaudan, Rég., 26 C1
Gex, 48 D1
Ghisonaccia, 18 B1
Ghisoni, 18 B1
Gien, 14 C2
Gignac, 26 C2
Girolata, Golfe de, 18 A1
Giromagny, 20 B1
Gironde, Dép., 6 B2
Gironde, Fl., 6 B1
Gisors, 42 A2
Giverny, 38 B2
Givet, 16 B1
Givors, 48 B2
Givry, 10 C3
Glénan, Îs de, 12 B2
Goderville, 38 A2
Golo, Fl., 18 B1
Gomfreville-l'Orcher, 38 A2
Gondrecourt-le-Château, 30 A2
Gordes, 46 B3
Gorron, 40 C1
Gourbeyre, 50 A2
Gourette, 6 B4
Gourgé, 44 B2
Gourin, 12 C1
Gournay-en-Bray, 38 B2
Gournay-sur-Marne, 24 G1
Gouvieux, 42 B2
Gouzon, 28 C1
Goyave, 50 A1
Gramat, 32 C1
Grand Rivière, 52 A1
Grand-Bourg, 50 B2
Grand-Case, 50 C3
Grand-Champ, 12 D2
Grand Cul de Sac Marin, 50 A1
Grand-Fort-Philippe, 34 B1
Grand-Fougeray, 12 E2
Grand-Morin, Riv., 22 C2
Grand-Santi-Papaichton, 50 E6
Grande-Anse, 50 B1
Grande-Terre, Rég., 50 B1
Grande-Vigie, Pte de la, 50 B1
Grandieu, 26 C1
Granite Rose, Côte de, 12 C1
Granville, 36 A2
Granvilliers, 42 A2
Grasse, 46 C3
Graulhet, 32 C2
Grave, Pte de, 6 A1
Gravelines, 34 B1
Graves, Rég., 6 B2
Gray, 20 A1
Grenade, 32 C2
Grenade-sur-l'Adour, 6 B3
Grenoble, 48 C2
Gréoux-les-Bains, 46 B3
Grignan, 48 B3
Grignols, 6 B2
Grimaud, 46 C3
Griz-Nez, C., 34 A2
Groix, 12 C2
Groix, Î. de, 12 C2
Gros-Morne, 51 A1
Grosse Pointe, 50 B1
Grouin, Pte du, 12 E1
Grouin-du-Cou, Pte du, 40 B3
Gruissan, 26 C2
GUADELOUPE, 50
Guebwiller, 4 B3
Guebwiller, Ballon de, 4 B3
Guémené-Penfao, 40 B2
Guer, 12 D2
Guérande, 40 A2
Guéret, 28 B1
Gueugnon, 10 C3
Guichen, 12 E2
Guillaumes, 46 C2
Guillestre, 46 C2
Guilvinec, 12 B2
Guînes, 34 A2
Guingamp, 12 C1
Guipavas, 12 A2
Guiscard, 42 C2
Guise, 42 C2
Guitres, 6 B1
Gustavia, 50 D4
GUYANE, 52
Guyenne, Rég., 6 A-B2
Gy, 20 A1

H

Hagetmau, 6 B3
Hagondange, 30 B1
Hague, C. de la, 36 A1
Haguenau, 4 B2
Halluin, 34 C2
Ham, 42 C2
Harnes, 34 B2
Hasparren, 6 A3
Haumont, 34 C2
Haut-Folin, Mt., 10 C3
Haut-Jura, Parc du, 20 A2
Haut-Languedoc, Parc du, 32 D2
Haut-Rhin, Dép., 4 B2-3
Haute-Corse, Dép., 18 A1
Haute-Garonne, Dép., 32 B2
Haute-Loire, Dép., 8 B2
Haute-Marche, Rég, 28 B-C1
Haute-Marne, Dép., 16 C4
HAUTE-NORMANDIE, 38
Haute-Saône, Dép., 20 A-B1
Haute-Saône, Plateau de la, 20 A1
Haute-Savoie, Dép., 48 D1
Haute-Vienne, Dép., 28 B2
Hautes-Alpes, Dép., 46 C2
Hautes-Pyrénées, Dép., 32 B2
Hauts-de-Seine, Dép., 24 E2
Hayange, 30 B1
Hazebrouck, 34 B2
Hédé, 12 E1
Hendaye, 6 A3
Hénin-Beaumont, 34 B2
Hennebont, 12 C2
Hérault, Dép., 26 B-C2
Hérault, Fl., 26 C2
Herbignac, 40 A2
Héricourt, 20 B1
Hérisson, 8 A1
Herment, 8 A2
Hérouville-St-Clair, 36 B1
Hesdin, 34 B2
Heuchin, 34 B2
Hève, C. de la, 38 A2
Hiémois, Rég., 36 B-C2
Hirsingue, 4 B3
Hirson, 42 D2
Hochfelden, 4 B2
Hoëdic, Î. de, 12 D2
Hondschoote, 34 B2
Honfleur, 36 C1
Hossegor, 6 A3
Houat, Î. de, 12 D2
Houdan, 22 A2
Houllières, Cl des, 4 A-B1-2
Hourtin-Carcans, Étang d', 6 A1
Huelgoat, 12 C1
Huisnes, Riv., 40 D1
Hulin, Mt., 34 A2
Huningue, 4 B3
Huriel, 8 A1
Hyères, 46 C3
Hyères, Îs. d', 46 C4

I

Île-de-France, Côte de l', 16 A3 et 22 C2
ÎLE-DE-FRANCE, 22
Ill, Riv., 4 B2
Ille-et-Vilaine, Dép., 12 E1
Ille-sur-Têt, 26 B3
Illiers-Combray, 14 B1
Illkirch-Graffenstaden, 4 B2
Illzach, 4 B3
Imphy, 10 B3
Indre, Dép., 14 B3
Indre, Riv., 14 B3
Indre-et-Loire, Dép., 14 A-B2
Ingwiller, 4 B2
Inini, 52 B2
Iracoubo, 52 B1
Is-sur-Tille, 10 D2
Iseran, Col de l', 48 E2
Isère, Dép., 48 C2
Isère, Pointe, 52 B1
Isère, Riv., 38 48 C2
Isigny-le-Buat, 36 A2
Isigny-sur-Mer, 36 A1
Isle, Riv., 6 C1
Isola 2000, 46 D2
Issoire, 8 B2
Issoudun, 14 B3
Issy-les-Moulineaux, 24 B3
Istres, 46 A3
Iton, Riv, 38 B3
Ivry-le-Bataille, 38 B3
Ivry-sur-Seine, 24 B3
Izoard, Col de l', 46 C2

J

Jaligny-sur-Besbre 8 B1
Janzé, 12 E2
Jarnac, 44 B3
Jarnages, 28 C1
Jausiers, 46 C2
Jeumont, 34 D2
Jœuf, 30 B1
Joigny, 10 B2
Joinville, 16 C3
Joinville-le-Pont, 24 C3
Jonzac, 44 B3
Josselin, 12 D2
Joyeuse, 48 B3
Jugon-les-Lacs, 12 D1
Juillac, 28 B2
Jumilhac-le-Grand, 6 D1
Jura, Dép., 20 A2
Jussey, 20 A1
Juvigny-le-Tertre, 36 B2

K

Kani-Kéli, MAY., 54 B2
Kaysersberg, 4 B2
Kembs, 4 B3
Koungou, MAY., 54 B1
Kourou, 52 B1

L

L'Aigle, 36 C2
L'Aiguillon-sur-Mer, 40 B3
L'Ajoupa-Bouillon, 51 A1
L'Arbresle, 48 B2
L'Argentière-la-Bessée, 46 C2
L'Haÿ-les-Roses, 24 B3
L'Hermenault, 40 C3
L'Île-Rousse, 18 A1
L'Île-St-Denis, 24 B2
L'Isle-Adam, 22 B1
L'Isle-Jourdain, 32 C2
L'Isle-Jourdain, 44 C2
L'Isle-sur-le-Doubs, 20 B1
L'Union, 32 C2
La Bassée, 34 B2
La Bâtie-Neuve, 46 C2
La Baule-Escoublac, 40 A2
La Bérarde, 48 D3
La Bourboule, 8 A2
La Brède, 6 B2
La Capelle-en-Thierache, 42 C2
La Chapelle-en-Valgaudémar, 46 C2
La Chapelle-en-Vercors, 48 C3
La Chapelle-la-Reine, 22 B2
La Chapelle-St-Luc, 16 B3
La Chapelle-sur-Erdre, 40 B2
La Charité-sur-Loire, 10 B2
La Charte-sur-le-Loir, 40 D2
La Châtaigneraie, 40 C3
La Châtre, 14 B3
La Ciotat, 46 B3
La Clayette, 10 C3
La Courneuve, 24 B2
La Courtine, 28 C2
La Défense, 24 A2
La Désirade, Î., 50 B1
La Fère, 42 C2
La Ferté-Alais, 22 B2
La Ferté-Bernard, 40 D1
La Ferté-Frênel, 36 C2
La Ferté-Gaucher, 22 C2
La Ferté-Macé, 36 B2
La Ferté-Milon, 42 C2
La Ferté-sous-Jouarre, 22 C2
La Ferté-Saint-Aubin, 14 B2
La Ferté-Vidame, 14 A1
La Flèche, 40 C2
La Fresnaye-sur-Chédouet, 40 D1
La Gacilly, 12 D2
La Garenne-Colombes, 24 B2
La Grande-Motte, 26 D2
La Grave, 46 C1
La Guerche-de-Bretagne, 12 E2
La Guerche-sur-l'Aubois, 14 C3
La Haye-du-Puits, 36 A1
La Haye-Pesnel, 36 A2
La Javie, 46 C2
La Meije, Mt, 48 D3
La Mongie, 32 A3
La Mothe-Achard, 40 B3
La Mothe-St-Héray, 44 B2
La Motte-Chalancon, 48 C3
La Motte-du-Caire, 46 C2
La Mure, 48 C3
La Pacaudière, 48 A1
La Petite-Pierre, 4 B2
La Plaine-des-Palmistes, 53 B2
La Possession, 53 A1
La Réole, 6 B2
La Roche-Bernard, 12 D2
La Roche-Posay, 44 C2
La Roche-sur-Foron, 48 D1
La Roche-sur-Yon, 40 B3

La Rochefoucauld, 44 C3
La Rochelle, 44 A2
La Rochette, 44 C3
La Salvétat-sur-Agout, 26 B2
La Seyne-sur-Mer, 46 B3
La Souterraine 28 B1
La Suze-sur-Sarthe, 40 D2
La Teste-de-Buche, 6 A2
La Tour-du-Pin, 48 C2
La Tranche-sur-Mer, 40 B3
La Tremblade, 44 A3
La Trimouille, 44 D2
La Trinité, 51 B1
La Turbie, 46 D3
La Valette-du-Var, 46 C3
La Vôge, Rég., 20 B1
La Voulte-sur-Rhône, 48 B3
Labastide-Rouairoux, 32 D2
Labouheyre, 6 B2
Labourd, Rég., 6 A3
Labruguière, 32 D2
Lacanau, Étang de, 6 A2
Lacanau-Océan 6 A1
Lacapelle-Marival, 32 C1
Lacaune, 32 D2
Lacq, 6 B3
Lagnieu, 48 C2
Lagny-sur-Marne, 22 B2
Lagrasse, 26 B2
Laguiole, 32 D1
Laignes, 10 C2
Lalbenque, 32 C1
Lamalou-les-Bains, 26 C2
Lamastre, 30 A2
Lamballe, 12 D1
Lamentin, 50 A1
Lamotte-Beuvron, 14 C2
Lamure-sur-Azergues, 48 B1
Landerneau, 12 B1
Landes, Dép., 6 B2
Landes, Rég., 6 B2
Landes-de-Gascogne, Parc des, 6 B2
Landivisiau, 12 B1
Landivy, 40 B1
Landrecies, 34 C2
Lanester, 12 C2
Langeac, 8 B2
Langeais, 14 A2
Langevin, Pte de, 53 B2
Langogne, 26 C1
Langon, 6 B2
Langres, 16 C4
Langres, Plateau de, 10 C2
Languedoc, Rég., 26 C2
LANGUEDOC-ROUSSILLON, 42
Lanmeur, 12 C1
Lannemezan, 32 B2
Lannilis 12 B1
Lannion, 12 C1
Lanslebourg-Mont-Cenis, 48 D2
Lantosque, 46 D3
Lanvaux, Landes de, 12 D2
Laon, 42 C2
Laonnois, Rég., 42 C2
Lapalisse, 8 B1
Laragne-Montéglin, 46 B2
Larche, 48 B2
Largentière, 48 B3
Laroquebrou, 8 A3
Laruns, 6 B4
Larzac, Causses du, 32 E1
Lassay-les-Châteaux, 40 C1
Lassigny, 42 B2
Latronquière, 32 D1
Lauragais, Rég., 32 C2
Lautaret, Col du, 46 C1
Lauterbourg, 4 C2
Lauzerte 32 C1
Laval, 40 C1
Lavaudieu, 8 B2
Lavaur, 32 C2
Lavelanet 32 C3
Lavezzi, Îles, 18 B2
Lavoûte-Chilhac, 8 B2
Laxou, 30 B2
Lay, Riv., 40 B3
Le Barcarès, 26 C2
Le Blanc, 14 B3
Le Blanc-Mesnil, 24 C2
Le Bourg-d'Oisans, 48 D2
Le Bourget, 24 B2
Le Bousquet-d'Orb, 26 C2
Le Bugue, 6 C2
Le Cap-d'Agde, 26 C2
Le Carbet, 51 A1
Le Cateau-Cambrésis, 34 C2
Le Chambon-sur-Lignon, 8 C2
Le Château-d'Oléron, 44 A3
Le Chatelet-en-Brie, 22 B2
Le Cheylard, 48 B3
Le Creusot, 10 C3
Le Crotoy, 42 A1
Le Diamant, 51 A2
Le Donjon, 8 B1
Le Dorat, 28 B1
Le Faou, 12 B1
Le Faouët, 12 C1
Le François, 51 B1
Le Gosier, 50 B1
Le Grand-Bourg, 28 B1
Le Grand-Lucé, 40 D2
Le Grand-Quevilly, 38 B2
Le Grau-du-Roi, 26 D2
Le Havre, 38 A2
Le Hohnek, Mt., 4 B2
Le Kremlin-Bicêtre, 24 B3
Le Lamentin, 52 A1
Le Lavandou, 46 C3
Le Lion-d'Angers, 40 C2
Le Lorrain, 51 A1
Le Louroux-Béconnais, 40 C2
Le Luc, 46 C3
Le Lude, 40 D2
Le Mans, 40 D1
Le Marigot, 51 A1
Le Marin, 51 B2
Le Mas-d'Agenais, 6 C2
Le Mas-d'Azil, 32 C2
Le Massegros, 26 C1
Le Mazet-surVoy, 8 C2
Le Mêle-sur-Sarthe, 36 C2
Le Merlerault, 36 C2
Le Monastier-sur-Gazeille, 8 C3
Le Montet, 8 B1
Le Mont-Saint-Michel, 36 A2
Le Morne-Rouge, 51 A2
Le Morne-Vert, 51 A1
Le Moule, 50 B1
Le Muy, 46 C3
Le Neubourg, 38 A2
Le Nouvion-en-Thiérache, 42 C1
Le Palais, 12 C2
Le Perreux-sur-Marne, 24 C3
Le Perthus, 26 B3
Le Petit-Quevilly, 38 B2
Le Plessis-Robinson, 24 B3
Le Plessis-Trévise, 24 C3
Le Poiré-sur-Vie, 40 B3
Le Port, 52 C3
Le Portel, 34 A2
Le Pré-St-Gervais, 24 B2
Le Prêcheur, 51 A1
Le Puy-Crapaud, Mt., 40 C3
Le Puy-en-Velay, 8 B2
Le Raincy, 24 C1
Le Relecq-Kerhuon, 12 B1
Le Robert, 51 B1
Le Sel-Bretagne, 12 E2
Le Teilleul, 36 B2
Le Theil, 36 C2
Le Thillot, 30 B3
Le Touquet-Paris-Plage, 34 A2
Le Tréport, 38 B1
Le Vauclin, 52 B1
Le Vigan, 26 C1
Lectoure, 32 B2
Lédignan, 26 D2
Legé, 40 B3
Léman, Lac, 48 D1
Lencloitre, 44 C2
Lens, 34 B2
Léon, Pays de, B 1-2
Les Abymes, 50 A1
Les Anses-d'Arlet, 52 A2
Les Avirons, 52 C4
Les Essarts, 40 B3
Les Eyzies, 6 D2
Les Fontaines, 14 B2
Les Herbiers, 40 B3
Les Lilas, 24 B2
Les Mureaux, 22 A2
Les Pavillons-sous-Bois, 24 C2
Les Ponts-de-Cé, 40 C2
Les Rousses, 20 B2
Les Sables-d'Olonne, 40 B3
Les Saintes, Îs., 50 A2
Les Trois-Bassins, 53 A2
Les Trois-Îlets, 51 A1
Les Vans, 48 B3
Lesneven, 12 B1
Lesparre-Médoc, 6 B1
Lessay, 36 A1
Leucate, 26 C3
Leucate, Étang de, 26 C3
Levallois-Perret, 24 B2
Levier, 20 B2
Levroux, 14 B3
Lezardrieux, 12 C1
Lezay, 44 C2
Lézignan-Corbières, 26 B2
Lezoux, 8 B2
Libourne, 6 B2
Lichères, 44 C3
Lieuvin, Rég., 38 A2
Liévin, 34 B2
Liffré, 12 E1
Lignières, 14 C3
Ligny-en-Barrois, 30 A2
Ligueil, 14 A2
Lille, 34 C2
Limagne, Rég., 8 B1-2
Limay, 22 A1
Limoges, 28 B2
LIMOUSIN, 28
Limousin, Plat. du, 28 B1-2
Limoux, 26 B2
Lingolsheim, 4 B2
Lion, Golfe du, 26 C2-3
Lisieux, 36 C1
Lisignan, 44 C2
Livarot, 36 C1
Livernon, 32 C1
Livradois-Forez, Parc du, 8 B2
Livry-Gargan, 24 C2
Lizy-sur-Ourcq, 22 C1
Loches, 14 B2
Locmariaquer, 12 D2
Locminé, 12 D2
Locronan, 12 A2
Lodève, 26 C2
Loing, Riv., 22 B2
Loir, Riv., 14 B1
Loir-et-Cher, Dép., 14 B2
Loire, Dép., 48 B2
Loire-Anjou-Touraine, Parc, 40 C-D2
Loire-Atlantique, Dép., 40 B2
Loiret, Dép., 14 C1
Loiron, 40 C1
Lombez, 32 B2
Londinières, 38 B2
Longny-au-Perche, 36 C2
Longuenesse, 34 B2
Longuyon, 30 A1
Longwy, 30 A1
Lons-le-Saunier, 20 A3
Lorgues, 46 C3
Lorient, 12 C2
Loriol-sur-Drôme, 48 B3
Lormes, 10 B2
Lorraine, Parc de, 30 A-B2
LORRAINE, 30
Lorraine, Rég., 30 B1
Lorrez-le-Boccage-Préaux, 22 B2
Lot, Dép., 32 C1
Lot, Riv., 6 C2
Lot-et-Garonne, Dép., 6 C2
Loudéac, 12 D1
Loudun, 44 C1
Loué, 40 C2
Louhans, 10 D3
Lourdes, 32 A2
Louviers, 38 B2
Louvigné-du-Désert, 12 E1
Lozère, Dép., 26 C1
Lozère, Mt, 26 C1
Luberon, Mgne du, 46 B3
Luberon, Parc du, 46 B3
Lubersac, 28 B2
Luc-en-Diois, 48 C3
Luçon, 40 B3
Lumbres, 34 B2
Lunel, 26 D2
Lunéville, 30 B2
Lurcy-Lévis, 8 A1
Lure, 20 B1
Lure, Mgne de, 46 B2
Lussac-les-Château, 44 C2
Luxeuil-les-Bains, 20 B1
Luz-St-Sauveur, 32 B3
Luzarches, 22 B1
Luzy, 10 B3
Lyon, 48 B2
Lyons-la-Forêt, 38 B2
Lys, Riv., 34 B2

M

Machecoul, 40 B2
Mâcon, 10 C3
Maconnais, Mts du, 10 C3
Macouba, 51 A1
Maël-Carhaix, 12 C1
Magnac-Laval, 28 B1
Magny-en-Vexin, 22 A1
Maiche, 20 B1
Maignelay-Montigny, 42 B2
Mailly-le-Camp, 16 B3
Maine-et-Loire, Dép., 40 C2
Maintenon, 14 B1
Maisons-Alfort, 24 B3
Malakoff, 24 B3
Malaucène, 46 B2
Malbuisson, 20 B2
Malesherbes, 14 C1
Malestroit, 12 D2
Malicorne-sur-Sarthe, 40 C2
Mamers, 40 D1
Mamoudzou MAY., 54 A1
Mana, 52 B1
Manche, Dép., 36 A1
Manosque, 46 B3
Mansle, 44 C3
Mantes-la-Jolie, 22 A2
Mantes-la-ville, 22 A2
Mantois, Rég., 22 A2
Manzat, 8 A1
Marais Breton, 40 B3
Marais du Cotentin et du Bessin, Parc du, 36 A1
Marche, Rég., 28 B1
Marchiennes, 34 C2
Marciac, 32 B2
Marcigny, 10 C3
Marcillac-Lanville, 44 C3
Marcillac-Vallon, 32 D1
Marckolsheim, 4 B2
Marcolès, 8 A3
Marennes, 44 A3
Marensin, Rég., 6 A3
Marestay, 44 B3
Mareuil-sur-Lay, 40 B3
Marie-Galante, Î., 50 B2
Marignac, 44 B3
Marignane, 46 B3
Marigny, 36 A1
Marigot, 50 C3
Maringues, 8 B2
Maripasoula, 52 A2
Marle, 42 C2
Marly, 34 C2
Marmande, 6 C2
Marmoutier, 4 B2
Marnay, 20 A1
Marne, Dép., 16 A-B3
Marne, Riv., 16 B3
Marne-à-la-Saône, Cl de la, 16 C3-4
Marne-au-Rhin, Cl de la, 30 A2
Marne-la-Vallée, 24 C3
Maroilles, 34 C2
Marolles-les-Braults, 40 D1
Marone, 38 B2
Maroni, Fl., 50 E5
Marquion, 34 C2
Marquise, 34 A2
Marsanne, 48 B3
Marseille, 46 B3
Marseille-en-Beauvaisis, 42 A2
Martel, 32 C1
Martigny-les-Bains, 30 A2
Martigues, 46 A3
MARTINIQUE, 51
Martinique, Canal de la, 51 A1
Marthon, 44 C3
Marvejols, 26 C1
Masevaux, 4 B3
Masseube, 32 B2
Massiac, 8 B2
Massif-des-Bauges, Parc du, 48 D2

Matha, 44 B3
Matoury, 52 B2
Maubeuge, 34 C2
Maubourguet, 32 B2
Mauguio, 26 D2
Mauguio, Étang de, 26 D2
Mauléon, 44 B2
Mauléon-Licharre, 6 B3
Maure-de-Bretagne, 12 E2
Maures, Mgnes, 46 C3
Mauriac, 8 A2
Maurienne, Rég., 48 D2
Mauron, 12 D1
Maurs, 8 A3
Mauvezin, 32 B2
Mauzé-sur-le-Mignon, 44 B2
Mayenne, Dép., 40 C1
Mayenne, Riv., 40 C1
MAYOTTE, 54
Mazamet, 32 D2
Mazères, 32 C2
Meaux, 24 B2
Médoc, Rég., 6 A-B1
Megève, 48 D2
Mehun-sur-Yèvre, 14 C2
Mélisey, 20 B1
Melle, 44 B2
Melun, 22 B2
Mende, 26 C1
Méné, Landes du, 12 D1
Méné, Mt., 12 D1
Menez-Hom, Mt, 12 B1
Mennecy, 22 B2
Menton, 46 D3
Mer, 14 B2
Mercantour, Parc National du, 46 C-D2
Merdrignac, 12 D1
Mérignac, 6 B2
Mers-les-Bains, 38 B1
Méru, 42 B2
Merville, 34 B2
Méry-sur-Oise, 24 A1
Méry-sur-Seine, 16 A3
Meslay-du-Maine, 40 C2
Metz, 30 B1
Meudon, 24 E2
Meulan, 22 A1
Meurthe, Riv., 30 B2
Meurthe-et-Moselle, Dép., 30 A-B2
Meuse, Dép., 30 A1
Meuse, Haut de, Rég., 30 A13
Meuse, Riv., 30 A1
Méximieux, 48 C2
Meylan, 48 C2
Meymac, 28 C2
Meyrueis, 26 C1
Meyzieu, 48 C2
Mézel, 46 C3
Mézenc, Mt, 8 C3
Mézidon-Canon-Giberville, 36 B1
Mézières-sur-Issoire, 28 A1
Midi, Canal du, 26 B2
Midi-de-Bigorre, Pic du, 32 B3
Midi-d'Ossau, Pic du, 6 B4
MIDI-PYRÉNÉES, 32
Midou, Riv., 6 B3
Midouze, Riv., 6 B3
Miélan, 32 B2
Migennes, 10 B2
Millau, 32 E1
Millevaches, Plat. de, 28 B-C2
Milly-la-Forêt, 22 B2
Mimizan, 6 A2
Minerve, 26 B2
Minervois, Rég., 26 B2
Miramas, 46 B3
Mirambeau, 44 B3
Mirande, 32 B2
Mirebeau, 44 C2
Mirecourt, 30 B2
Mirepoix, 32 C2
Mitaraca, 50 E7
Modane, 48 D2
Moings, 44 B3
Moirans-en-Montagne, 20 A2
Moissac, 32 C1
Molène, Î. de, 12 B1
Molières, 32 C1
Molsheim, 4 B2
Moncontour, 44 C2
Moncoutant, 44 B2
Mondoubleau, 14 A2
Monistrol-sur-Loire, 8 C2
Monpazier, 6 C2
Mont-Blanc, Mt, 48 D2
Mont-Cenis, Col du, 48 D2
Mont-de-Marsan, 6 B3
Mont-Dore, 8 C2
Mont-Louis, 26 B3
Montagne de Reims, Parc de la, 16 A-B2
Montagnes Noires, 26 B2
Montaigu, 40 B3
Montaigu-de-Quercy, 32 C1
Montaigut, 8 A1
Montaigut-le-Blanc, 8 B2
Montargis, 14 C1
Montastruc-la-Conseillère, 32 C2
Montataire, 42 B2
Montauban, 32 C1
Montbard, 10 C2
Montbéliard, 20 B1
Montbrison, 48 B2
Montbron, 44 C3
Montceau-les-Mines, 10 C3
Montchanin, 10 C3
Montcornet, 42 D2
Montcuq, 32 C1
Montdidier, 42 B2
Montdoubleau, 14 A2
Monteauban-de-Bretagne, 12 D1
Montebourg, 36 A1
Montélimar, 48 B3
Montendre, 44 B3
Montereau-Faut-Yonne, 22 B2
Montesquieu-Volvestre, 32 C2
Montesquiou, 32 B2
Montfaucon, 40 B2
Montfaucon-en-Velay, 8 C2
Montfermeil, 24 C2
Montfort, 12 E1
Montfort-en-Chalosse, 6 B3
Montfort-l'Amaury, 22 A2
Montfort-sur-Risle, 38 A2
Montgenèvre, 46 C2
Montguyon, 44 B3
Monthureux-sur-Saône, 30 A2
Montier-en-Der, 16 B3
Montignac, 6 D1A3
Montignac-Charente, 44 C3
Montigny-le-Roi, 16 C3
Montigny-lès-Metz, 30 B1
Montlieu-la-Garde, 44 B3
Montluçon, 8 A1
Montluel, 48 C2
Montmarault, 8 A1
Montmartin-sur-Mer, 36 A2
Montmartre, Butte, 24 B3
Montmédy, 30 A1
Montmélian, 48 D2
Montmirail, 40 D1
Montmirail, 16 A3
Montmoreau-St-Cybard, 44 C3
Montmorency, 24 B1
Montmorillon, 44 C2
Montoir-de-Bretagne, 40 A2
Montoire-sur-le-Loir, 14 A2
Montois, Rég., 16 A3
Montpellier, 26 C2
Montpeyroux, 8 C2
Montpon-Ménestérol, 6 C1
Montréal, 26 B2
Montréal, 32 B2
Montréjeau, 32 B2
Montreuil, 24 C3
Montreuil-Bellay, 40 C2
Montrevault, 40 B2
Montrevel-en-Bresse, 48 C1
Montrichard, 14 B2
Montrond-les-Bains, 48 B2
Montrouge, 24 B3
Montsalvy, 8 A3
Mont-St-Aignan, 38 B2
Mont-St-Michel, Baie du, 36 A2
Montvilliers, 38 A2
Morbihan, Dép., 12 C-D2
Morbihan, G. du, 12 D2
Mordelles, 12 E1
Morestel, 48 C2
Moret-sur-Loing, 22 B2
Moreuil, 42 B2
Morez, 20 B2
Morhange, 30 C2
Morlaàs, 6 B3
Morlaix, 12 B1
Mormant, 22 B2
Mortagne-au-Perche, 36 C2
Mortagne-sur-Sèvre, 40 C3
Mortain, 36 B2
Morteau, 20 B1
Mortrée, 36 C2
Morvan, Parc du., 10 B-C2
Morvan, Rég., 32 10 B-C2-3
Morzine, 48 D1
Moselle, Dép., 30 B2
Moselle, Riv., 30 B1
Mouchard, 20 A2
Mougins, 46 C3
Moulins, 8 B1
Moulins-Engilbert, 10 B3
Moulins-la-Marche, 36 C2
Mourjoux, 8 A3
Moustiers-Ste-Marie, 46 C3
Mouthe, 20 B2
Moûtiers, 48 D2
Moutiers-les-Mauxfaits, 40 B3
Mouzon, 16 C2
Moyenneville, 42 A1
Mozac, 8 B2
Mtsamboro, MAY., 54 A1
Mtsamboro, île, MAY., 54 A1
Mtsagamouji, MAY., 54 A2
Mulhouse, 4 B3
Multien, Rég., 22 B1
Munster, 4 B2
Mur-de-Barrez, 32 D1
Mûr-de-Bretagne, 12 D1
Murat, 8 A2
Muret, 32 C2
Mussidan, 6 C1
Mussy-sur-Seine, 16 B3
Mutzig, 4 B2
Mutzig, Rocher de, 4 B2
Muzillac, 12 D2

N

Nacre, Côte de, 36 B1
Najac, 32 C1
Nancy, 30 B2
Nangis, 22 C2
Nant, 32 E1
Nantais, Pays, 40 B2
Nanterre, 22 B2
Nantes, 40 B2
Nantes-à-Brest, Cl de, 40 B2
Nanteuil-le-Haudouin, 42 B2
Nantiat, 28 B1
Nantua, 48 C1
Narbonne, 26 C2
Narbonne, Plage, 26 C2
Nasbinals, 26 C1
Naucelle, 32 D1
Nebbio, Rég., 18 B1
Neiges, Piton des, 52 C4
Nemours, 24 B2
Nérac, 6 C2
Néronde, 48 B2
Nérondes, 14 C3
Nesle, 42 B2
Neubourg, Pl. du, 38 A-B2
Neuchâtel-sur-Aisne, 42 D2
Neuf-Brisach, 4 B2
Neufchâteau, 30 A2
Neufchâtel-en-Bray, 38 B2
Neuilly-le-Réal, 8 B1
Neuilly-Plaisance, 24 C2
Neuilly-St-Front, 42 C2
Neuilly-sur-Marne, 24 C3
Neuilly-sur-Seine, 24 B2
Neuvic, 28 C2
Neuville-de-Poitou, 44 C2
Neuvy-sur-Barangeon, 14 C2
Nevers, 10 B3
Nexon, 28 B2
Nice, 46 D3
Nièvre, Dép., 10 B2
Nîmes, 26 D2
Nino, Lac de, 18 A1
Niolo, Rég., 18 A-B1
Niort, 44 B2
Nitry, 10 B2
Nive, Fl., 6 A3
Nivernais, 10 B2-3
Nivernais, Cl. du, 10 B2
Noailles, 42 B2
Nœux-les-Mines, 34 B2
Nogaro, 32 A2
Nogent, 16 C3
Nogent-le-Roi, 14 B1
Nogent-le-Rotrou, 14 A1
Nogent-sur-Marne, 24 C3
Nogent-sur-Oise, 42 B2
Nogent-sur-Seine, 16 A3
Noires, Mgnes, 12-12 C1
Noirétable, 48 A2
Noirmoutier, Î. de, 40 A3
Noirmoutier-en-l'Île, 40 A2
Noisy-le-Grand, 24 C3
Noisy-le-Sec, 24 B2
Nomeny, 30 B2
Nonencourt, 38 B3
Nontron, 6 C1
Nord, Cal du, 34 C2
Nord, Départ., 34 C2
NORD-PAS-DE-CALAIS, 34
Normandie, Collines de, 36 B2
Normandie-Maine, Parc de, 36 B-C2
Norrent-Fontes, 34 B2
Nort-sur-Erdre, 40 B2
Notre-Dame, Bois de, 24 C3
Nouaillé-Maupertuis, 44 C2
Noyant, 40 D2
Noyon, 42 C2
Nozay, 40 B2
Nuits-St-Georges, 10 C2
Nyons, 48 C3

O

Obernai, 4 B2
Objat, 28 B2
Odet, Fl., 12 C1
Offemont, 20 B1
Offranville, 38 B2
Ognon, Riv., 10 D2
Oise, Dép., 42 B2
Oise, Riv., 42 B2
Oise-à-l'Aisne, Cal de l', 42 C2
Oisemont, 42 A2
Olargues, 26 B2
Oléron, Î. d', 44 A2
Olliergues, 8 B2
Ollioules, 46 B3
Olmeto, 18 A2
Olonne-sur-Mer, 40 B3
Oloron, Gave d', 6 B3
Oloron-Ste-Marie, 6 B3
Onnaing, 34 C2
Opale, Côte d', 34 A2
Oradour-sur-Glane, 28 B2
Oradour-sur-Vayres, 28 A2
Oraison, 46 B3
Orange, 46 A2
Orb, Riv., 26 B2
Orbec, 36 C1
Orchies, 34 C2
Orcières, 46 C2
Orcival, 8 A1
Orgelet, 20 A2
Orléanais, Rég., 14 B-C1
Orléans, 14 B2
Orléans, Forêt d', 14 C1-2
Orly, 24 B3
Ormesson-sur-Marne, 24 C3
Orne, Dép., 36 B2
Orne, Fl., 36 B2
Orpierre, 46 B2
Orsay, 22 B2
Orthez, 6 B3
Orvault, 40 B2
Orxois, Rég., 42 C2
Oscar, 52 B3
Ossau, Gave d', 6 B3
Othe, pays d', 10 B1
Ouanari, 50 C1
Ouangani, MAY., 54 A2
Ouaqui, 50 B2
Ouche, Pays d', 36 C2
Ouessant, Î. d', 12 A1
Ouistreham, 36 B1

Ourq, Canal de l', 24 C2
Oust, 32 C3
Outreau, 34 A2
Ouvèze, Riv., 46 B2
Oyonnax, 48 C1
Oyrél, 44 C2
Ozoir-la-Ferrière, 22 B2

P

Pacy-sur-Eure, 38 B2
Pagny-sur-Moselle, 30 B2
Paimbœuf, 40 A2
Paimpol, 12 C1
Paimpont, Forêt de, 12 D1
Palaiseau, 24 A4
Palavas-les-Flots, 26 C2
Pamandzi, MAY., 54 B2
Pamiers, 32 C2
Pantin, 24 B2
Paray-le-Monial, 10 C3
Paris, 24
Paris, Dép., 25
Parthenay, 44 B2
Pas-de-Calais, 34 A2
Pas-de-Calais, Dép., 34 A2
Pas-en-Artois, 34 B2
Passais, 36 B2
Pau, 6 B3
Pau, Gave de, 6 B3
Paulhaguet, 8 B2
Pavilly, 38 A2
Pavin, Lac, 8 A2
Pays-Basque, Rég., 6 A3
PAYS-DE-LA-LOIRE, 6
Pelée, Mgne, 52 A1
Pélussin, 48 B2
Pen-Hir, Pte de, 12 A1
Penmarch, Pte de, 12 B2
Penthièvre, Rég., 12 D1
Perche, Collines du, 36 C2
Perche, Parc du, 36 C2
Percy, 34 A2
Perdiguère, Pic, 32 B3
Périers, 36 A1
Pérignac, 44 B3
Périgord, Rég., 6 C2
Périgord-Blanc, Rég., 6 C1
Périgord-Noir, Rég., 6 C2
Périgueux, 6 C1
Péronnas, 48 C1
Péronne, 42 B2
Perpignan, 26 B3
Perros-Guirec, 12 C1
Persan, 22 B1
Perthus, Col du, 26 B3
Pertuis, 46 B3
Pesmes, 20 A1
Pessac, 6 B2
Petit-Bourg, 50 A1
Petit-Canal, 50 B1
Petit Cul de Sac Marin, 50 A-B1
Petit-Saint-Bernard, Col du, 48 D2
Peyrat-le-Château, 28 B2
Peyrehorade, 6 A3
Peyreleau, 32 E1
Peyresourde, Col de, 32 B3
Peyruis, 46 B2
Pézenas, 26 C2
Phalsbourg, 30 C2
Piana, 18 A1
Picardie, Côte, 42 A1
PICARDIE, 42
Picardie, Rég., 42 A-B2
Picquigny, 42 B2
Pierre-Buffière, 28 B2
Pierre-en-Bresse, 10 D3
Pierrefitte-sur-Seine, 24 B2
Pierrefort, 8 A3
Pierrelatte, 48 B3
Pilat, Parc du, 48 B2
Pinols, 8 B2
Pionsat, 8 A1
Pithiviers, 14 C1
Plabennec, 12 E1
Plaisance, 32 B2
Plaisir, 22 A2
Plancoët, 12 D1
Plassac-Rouffiac, 44 C3
Pleaux, 8 A2
Pleine-Fougères, 12 E1
Plélan-le-Grand, 12 D2
Pléneuf-Val-André, 12 D1
Plérin, 12 D1
Plessé, 40 B2
Pleyben, 12 C1
Ploëmeur, 12 C2
Ploërmel, 12 D2
Plœuc-sur-Lié, 12 D1
Plombières-les-Bains, 30 B2
Plomelin, 12 B2
Plouagat, 12 D1
Plouaret, 12 C1
Plouay, 12 C2
Ploubalay, 12 D1
Ploubazlanec, 12 C1
Ploudalmézeau, 12 B1
Plouescat, 12 B1
Plouézec, 12 D1
Ploufragan, 12 D1
Plougastel-Daoulas, 12 B1
Plouguenast, 12 D1
Plouha, 12 D1
Plouigneau, 12 C1
Pluvigner, 12 D2
Podensac, 6 B2
Point-de-Veyle, 48 B1
Pointe-à-Pitre, 50 A1
Pointe-Noire, 50 A1
Poissy, 22 B2
Poitevin, Marais, 44 B2
Poitiers, 44 C2
POITOU-CHARENTES, 34
Poitou, Rég., 44 C2
Poitou, Seuil du, 44 C2
Poix-de-Picardie, 42 B2
Poix-Terron, 16 B2
Poligny, 20 A2
Pons, 44 B3
Pont-à-Marcq, 34 C2
Pont-à-Mousson, 30 B2
Pont-Audemer, 38 A2
Pont-Aven, 12 C2
Pont-Croix, 12 B1
Pont-d'Ain, 48 C1
Pont-de-Roide, 20 B1
Pont-de-Salars, 32 D1
Pont-de-Vaux, 48 B1
Pont-en-Royans, 48 C2
Pont-l'Abbé, 12 B2
Pont-l'Évêque, 36 C1
Pont-Sainte-Maxence, 42 B2
Pont-Scorff, 12 C2
Pont-St-Esprit, 26 D1
Pont-sur-Yonne, 10 B1
Pontarion, 28 B1
Pontarlier, 20 B2
Pontault-Combault, 24 C3
Pontaumur, 8 A2
Pontchâteau, 40 A2
Ponte-Leccia, 18 B1
Pontgibaud, 28 A2
Ponthieu, Rég., 42 A1
Pontivy, 12 D1
Pontoise, 22 B1
Pontorson, 36 A2
Pontvaillain, 40 D2
Pornic, 40 A2
Pornichet, 40 A2
Porquerolles, Î. de, 46 C4
Port-Cros, 46 C3
Port-Cros, Î. de, 46 C4
Port-Cros, Parc de, 46 C4
Port-de-Bouc, 46 A3
Port-Joinville, 40 A3
Port-la-Nouvelle, 26 C2
Port-Louis, 12 C2
Port-Louis, 50 A1
Port-St-Louis-du-Rhône, 46 A3
Port-sur-Saône, 20 B1
Port-Vendres, 26 C3
Portes-lès-Valence, 48 B3
Portet d'Aspet, Col du, 32 B3
Porto, 18 A1
Porto, G. de, 18 A1
Porto-Vecchio, 18 B2
Pouancé, 40 B2
Pouilly-en-Auxois, 10 C2
Pouilly-sur-Loire, 10 A2
Pourtalet, Col du, 6 B4
Pouzauges, 40 C3
Pra-Loup, 46 C2
Pradelles, 8 B3
Prades, 26 B3
Prats-de-Mollo-la-Preste, 26 B3
Prauthoy, 16 C4
Pré-en-Pail, 40 C1
Précy-sous-Thil, 10 C2
Prémery, 10 B2
Privas, 48 B3
Propriano, 18 A2
Provence, Rég., 46 B-C3
PROVENCE-ALPES-CÔTE-D'AZUR, 46
Provins, 22 C2
Prunelli-di-Fiumorbo, 18 B1
Puget-Théniers, 46 C3
Puisaye, Rég., 10 B2
Puteaux, 24 A2
Puttelange-aux-Lacs, 30 B1
Puy-de-Dôme, Dép., 8 A1-2
Puy-du-Fou, 40 C3
Puy-l'Évêque, 32 C1
Puylaurens, 32 D2
Puymorens, Col du, 26 A3
Pyrénées, Mgnes, 26 A-B3
Pyrénées, Parc National des, 6 B4
Pyrénées-Atlantique, Dép., 6 A-B3
Pyrénées-Orientales, Dép., 26 B3

Q

Quérigut, 32 D3
Questembert, 12 D2
Quettehou, 36 A1
Queyras, Parc du, 46 C2
Quiberon, 12 C2
Quiberon, Presq. de, 12 C2
Quillan, 26 B3
Quillebœuf-sur-Seine, 38 A2
Quimper, 12 B1
Quimperlé, 12 C2
Quintin, 12 D1
Quissac, 26 D2

R

Rabastens, 32 C2
Rabastens-de-Bigorre, 32 B2
Rambervillers, 30 B2
Rambouillet, 22 A2
Ramonville-St-Agne, 32 C2
Rance, Riv., 12 E1
Raon-l'Étape, 30 B2
Raz, Pte du, 12 B1
Razès, Rég., 26 A-B2
Ré, Î. de, 44 A2
Réalmont, 32 D2
Rebais, 22 C2
Redon, 12 D2
Régina, 50 F6
Reims, 16 B2
Rémalard, 36 C2
Rembercourt-aux-Pots, 30 A2
Remire-Montjoly, 52 B2
Remiremont, 30 B2
Remoulins, 26 D2
Rémuzat, 48 C3
Rennes, 12 E1
Réquista, 32 D1
Rétaud, 44 B3
Rethel, 16 B2
Retiers, 12 E2
Retournac, 8 C2
Reuilly, 14 C2
RÉUNION, 53
Revel, 32 D2
Revermont, Rég., 20 A2
Revigny-sur-Ornain, 30 A2
Revin, 16 B2
Rezé, 40 B2
Rhin, Fl., 4 B2
RHÔNE-ALPES, 48
Rhône, Dép., 48 B2
Rhône, Fl., 48 B2
Rhône, Grand, Fl., 46 A3
Rhône, Petit, Fl., 46 A3
Rians, 46 B3
Ribeauvillé, 4 B2
Ribemont, 42 C2
Ribérac, 6 C1
Ribiers, 46 B2
Riedisheim, 4 B3
Riez, 46 C3
Riom, 8 B2
Riom-ès-Montagnes, 8 A2
Rioux, 44 B3
Rioz, 20 B1
Riquewihr, 4 B2
Riscle, 32 A2
Risle, Fl., 38 A3
Rive-de-Gier, 48 B2
Rives, 48 C2
Rivesaltes, 26 B3
Rivière-Pilote, 51 B2
Rivière-Salée, 51 B1
Roanne, 48 B1
Roc'h Trévézel, Mt, 12 C1
Roc, Pte du, 36 A2
Rocamadour, 32 C1
Rochechouart, 28 A2
Rochefort, 44 B3
Rochefort-en-Terre, 12 D2
Rochefort-Montagne, 8 A2
Rochemaure, 48 B3
Rocheservière, 40 B3
Rocroi, 16 B2
Rodez, 32 D1
Rogliano, 18 B1
Rognac, 46 B3
Rohan, 12 D1
Roisel, 42 C2
Romainville, 24 B2
Romans-sur-Isère, 48 C2
Rombas, 30 B1
Romilly-sur-Seine, 16 A3
Romorantin-Lanthenay, 14 B2
Roquebrun, 26 C2
Roquefort, 6 B2
Roquefort-sur-Soulzon, 32 E2
Roquemaure, 26 D1
Rosans, 46 B2
Roscoff, 12 C1
Rose, Pte de la, 52 B1
Rosheim, 4 B2
Rosny-sous-Bois, 24 C2
Rosporden, 12 C2
Rostrenen, 12 C1
Roubaix, 34 C2
Rouen, 38 B2
Rouffach, 4 B3
Rougé, 40 B2
Rougemont, 20 B1
Rouillac, 44 B3
Roujan, 26 C2
Roumois, Rég., 38 A2
Roura, 50 F6
Roussillon, Rég., 26 B3
Roussillon, 48 B2
Routot, 38 A2
Royan, 44 A3
Roye, 42 B2
Royère-Vassivière, 28 B2
Rue, 42 A1
Rueil-Malmaison, 24 A2
Ruffec, 44 B2
Rugles, 38 A3
Rumigny, 16 B2
Rumilly, 48 C2
Rungis, 24 B3
Rupt-sur-Moselle, 30 B3
Ruynes-en-Margeride, 8 A2

S

Saales, 4 B2
Sablé-sur-Sarthe, 40 C2
Sabres, 6 B2
Sada, MAY., 54 A2
Saillans, 48 C3
Saintes, 44 B3
Saintonge, Rég., 44 B3
Saissac, 26 B2
Salagou, L. de, 26 C2
Salazie, 53 B2
Salbris, 14 C2
Salernes, 46 C3
Salers, 8 A2
Salies-de-Béarn, 6 B3
Salins-les-Bains, 20 A2
Sallanches, 48 D2

Salles-Curan, 32 D1
Salomon, Cap, 51 A1
Salon-de-Provence, 46 B3
Sambre, Riv., 34 C2
Samer, 34 A2
Samoëns, 48 D1
Sancerre, 14 C2
Sancerrois, Rég., 14 C2
Sancoins, 14 C3
Sancy, Puy de, 8 A2
Sangatte, 34 A2
Sanguinaires, Îs., 18 A2
Santa-Maria-di-Lota, 18 B1
Santerre, Rég., 42 B2
Santonia, 50 E6
Saône, Riv., 10 D3
Saône-et-Loire, Dép., 10 C-D3
Saosnois, Rég., 40 D1
Sarcelles, 24 B1
Sarlat-la-Canédat, 6 D2
Sarralbe, 4 B1
Sarre, Riv., 4 B2
Sarre-Union, 4 B2
Sarrebourg, 30 C2
Sarreguemines, 20 C1
Sartène, 18 A2
Sarthe, Dép., 40 C-D1
Sarthe, Riv., 40 C2
Sartilly, 36 A2
Sarzeau, 12 D2
Saugues, 8 B3
Saujon, 44 B3
Saül, 52 B2
Sauldre, Riv., 14 C2
Saulieu, 10 C2
Sault, 46 B2
Sault, Pays de, 26 A3
Saumur, 40 C2
Saumur-en-Auxois, 10 C2
Sauvage, Côte, 12 C2
Sauveterre-de-Guyenne, 6 B2
Sauxillanges, 8 B2
Sauzé-Vaussais, 44 C2
Save, Riv., 32 B2
Savenay, 40 B2
Saverdun, 32 C2
Saverne, 4 B2
Savigny-le-Temple, 22 B2
Savoie, Dép., 48 D2
Savoie, Rég., 48 C-D2
Scaër, 12 C1
Scarpe et de l'Escaut, Pl. de la, 34 C2
Scarpe, Riv, 34 C2
Sceaux, 24 B3
Schillighelm, 4 B2
Schirmeck, 4 B2
Schlucht, Col de la, 4 B2
Schoelcher, 52 A1
Scorbé-Clairvaux, 44 C2
Scorff, Riv., 12 C2
Seclin, 34 C2
Secondigny, 44 B2
Sedan, 16 B2
Séderon, 48 C3
Sées, 36 C2
Ségala, Rég., 32 D1
Segonzac, 44 B3
Segré, 40 C2
Seiches-sur-le-Loir, 40 C2
Seilhac, 28 B2
Sein, Î. de, 12 B1
Seine, Fl., 24 B2 et 23 E1
Seine-et-Marne, Dép., 24 B-C2
Seine-Maritime, Dép., 38 B2
Seine-St-Denis, Dép., 24 C2
Sélestat, 4 B2
Selles-sur-Cher, 14 B2
Sellières, 20 A3
Selongey, 10 D2
Seltz, 4 C2
Sélune, Fl., 36 A2
Semur-en-Auxois, 10 C2
Senlis, 42 B2
Sennecey-le-Grand, 10 C3
Senonches, 14 B1
Sens, 10 B1
Sept-Îles, Îs, 12 C1
Séranne, Rég., 26 C2
Sermaize-les-Bains, 16 B3
Serre-Ponçon, L. de, 46 C2
Serres, 46 B2
Serrières, 48 B2
Servance, Ballon de, 20 B1
Sète, 26 C2
Seurre, 10 D3
Sévérac-le-Château, 32 E1
Sevran, 24 G1
Sèvre-Nantaise, Riv., 40 B2
Sèvre-Niortaise, Riv., 40 C3
Sèvres, 24 A3
Seyne, 46 C2
Seyssel, 48 C1
Sézanne, 16 A3
Sidobre, Plat. du, 32 D2
Sierck-les-Bains, 30 B1
Sierentz, 4 B3
Sigean, 26 B2
Signes, 46 B3
Sillé-le-Guillaume, 40 C1
Sinnamary, 50 F5
Sissonne, 42 C2
Sisteron, 46 B2
Six-Fours-les-Plages, 46 B3
Sizun, 12 B1
Sochaux, 20 B1
Soissons, 42 C2
Solenzara, 18 B2
Solesmes, 40 C2
Solesmes, 34 C2
Solignac-sur-Loire, 8 B3
Sologne, Rég., 14 B-C2
Sologne-Bourbonnaise, Rég., 10 B3
Solre-le-Château, 34 D2
Somain, 34 C2
Sombernon, 10 C2
Somme, Dép., 42 B1
Somme, Fl., 42 A1
Sommesous, 16 B3
Sommières, 26 D2
Somport, Col du, 6 B4
Sorgues, 46 A2
Sospel, 46 D3
Sotteville-lès-Rouen, 38 B2
Soufrière, Mt, 50 A1
Souillac, 32 C1
Soulac-sur-Mer, 6 A1
Soule, Rég, 6 A-B3
Soultz-Haut-Rhin, 4 B3
Soultz-sous-Forêts, 4 B2
Sourdeval, 36 B2
Soustons, 6 A3
Souvigny, 8 B1
Spincourt, 30 A1
St-Affrique, 32 D2
St-Affrique, Causse de, 32 D1-2
St-Agrève, 48 B2
St-Amand-les-Eaux, 34 C2
St-Amans, 26 C1
St-Amant-Montrond, 14 C3
St-Amand-Roche-Sauvage, 8 B2
St-Amarin, 4 B3
St-Ambroix, 26 D1
St-Amour, 20 A2
St-André, 52 D3
St-André-de-Cubzac, 6 B2
St-André-de-l'Eure, 38 B3
St-André-les-Alpes, 46 C3
St-Anthème, 8 B2
St-Arnoult-en-Yvelines, 22 A2
St-Aubin-du-Cormier, 12 E1
St-Aulaye, 6 C1
St-Avold, 30 B1
St-Barthélémy, 32 C3
St-Barthélémy, Î., 50 D4
St-Barthélémy-d'Anjou, 40 C2
St-Béat, 32 B3
St-Benoît, 53 B2
St-Benoît-du-Sault, 14 B3
St-Bertrand-de-Comminges, 32 B2
St-Bonnet-en-Champsaur, 46 C2
St-Bonnet-le-Château, 48 B2
St-Brévin-les-Pins, 40 A2
St-Brice-en-Coglès, 12 E1
St-Brieuc, 12 D1
St-Calais, 40 D2
St-Cast-le-Guildo, 12 D1
St-Céré, 32 C1
St-Cernin, 8 A2
St-Chamond, 48 B2
St-Chély-d'Apcher, 26 C1
St-Chinian, 26 B2
St-Ciers-sur-Gironde, 6 B1
St-Cirq-Lapopie, 32 C1
St-Clair-l'Elle, 36 A1
St-Claud, 44 C3
St-Claude, 50 A1
St-Claude, 20 A2
St-Cloud, 24 A3
St-Cyprien, 26 C3
St-Denis, 24 B2
St-Denis, 53 A1
St-Didier-en-Velay, 8 C2
St-Dié-des-Vosges, 30 B2
St-Dier-d'Auvergne, 8 B2
St-Dizier, 16 B3
St-Égrève, 48 C2
St-Élie, 52 B2
St-Émilion, 6 B2
St-Esprit, 51 B1
St-Estève, 26 B3
St-Étienne, 48 B2
St-Étienne-de-Baïgorry, 6 A3
St-Étienne-de-Lugdarès, 48 A3
St-Étienne-de-Tinée, 46 C2
St-Étienne-du-Rouvray, 38 A2
St-Étienne-les-Orgues, 46 B2
St-Fargeau, 10 B2
St-Florent, 18 B1
St-Florent-le-Vieil, 40 B2
St-Florent-sur-Cher, 14 C3
St-Florentin, 10 B1
St-Flour, 8 B2
St-François, 50 B1
St-Gaudens, 32 B2
St-Gély-du-Fesc, 26 C2
St-Généroux, 44 B2
St-Geniez-d'Olt, 32 D1
St-Georges, 52 C2
St-Georges-sur-Loire, 40 C2
St-Germain-du-Corbeis, 40 D1
St-Germain-du-Teil, 26 C1
St-Germain-en-Laye, 24 A2
St-Germain-Laval, 48 B2
St-Germain-les-Belles, 28 B2
St-Gervais-les-Bains, 48 D2
St-Gildas, Pte de, 40 A2
St-Gilles, 26 D2
St-Gilles-Croix-de-Vie, 40 B3
St-Gingolph, 48 D1
St-Girons-Plage, 6 A3
St-Guilhem-le-Désert, 26 C2
St-Herblain, 40 B2
St-Hilaire-des-Loges, 40 C3
St-Hilaire-du-Harcouët, 36 A2
St-Hippolyte-du-Fort, 26 C2
St-Honoré-les-Bains, 10 B3
St-James, 36 A2
St-Jean-Brévelay, 12 D2
St-Jean-d'Angély, 44 B3
St-Jean-de-Bournay, 48 C2
St-Jean-de-Daye, 36 A1
St-Jean-de-Luz, 6 A3
St-Jean-de-Maurienne, 48 D2
St-Jean-de-Monts, 40 A3
St-Jean-du-Gard, 26 C1
St-Jean-en-Royans, 48 C2
St-Jean-Pied-de-Port, 6 A3
St-Joseph, 52 D4
St-Julien-Chapteuil, 8 C2
St-Jouin-de-Marnes, 44 B2
St-Julien-en-Genevois, 48 D1
St-Julien-de-Vouvantes, 40 B2
St-Junien, 28 A2
St-Just-en-Chaussée, 42 B2
St-Just-en-Chevalet, 48 A2
St-Just-St-Rambert, 48 B2
St-Lary-Soulan, 32 B3
St-Laurent-du-Maroni, 52 A1
St-Laurent-du-Var, 46 D3
St-Laurent-en-Grandvaux, 20 A2
St-Léonard-de-Noblat, 28 B1
St-Leu, 53 A2
St-Lô, 36 A1
St-Louis, 4 B3
St-Louis, 53 A2
St-Loup-sur-Semouse, 20 B1
St-Maixent-l'École, 44 B2
St-Malo, 12 E1
St-Malo, G. de, 12 D-E1
St-Mamet-la-Salvetat, 8 A3
St-Mandé, 24 B3
St-Martin, Cap., 52 A1
St-Martin, Î., 50 D3
St-Martin-Boulogne, 34 A2
St-Martin-de-Londres, 26 C2
St-Martin-de-Ré, 44 A2
St-Mathieu, 28 A2
St-Mathieu, Pte, 12 B1
St-Maur-des-Fossés, 24 C3
St-Maurice, 24 B3
St-Maximin-la-Ste-Beaume, 46 B3
St-Médard-en-Jalles, 6 B2
St-Méen-le-Grand, 12 D1
St-Michel, Baie du Mont, 12 E1
St-Michel-de-Maurienne, 48 D2
St-Mihiel, 30 A2
St-Nazaire, 40 A2
St-Nectaire, 8 B2
St-Nicolas, 34 B2
St-Nicolas-de-Redon, 40 A2
St-Nicolas-du-Pélem, 12 C1
St-Omer, 34 B2
St-Ouen, 24 B2
St-Palais, 6 A3
St-Pantaléon-de-Larche, 28 B2
St-Pardoux,Étang de, 28 B1
St-Paul, 46 C2
St-Paul, Baie de, 52 C3
St-Paul-de-Fenouillet, 26 B3
St-Paulien, 8 B2
St-Paul-Trois-Château, 48 B3
St-Péray, 48 B3
St-Philbert-de-Grand-Lieu, 40 B2
St-Philippe, 53 B2
St-Pierre, 53 A2
St-Pierre-d'Albigny, 48 D2
St-Pierre-de-Nemours, 22 B2
St-Pierre-d'Oléron, 44 A3
St-Pierre-Église, 36 A1
St-Pierre-le-Moûtier, 10 B3
St-Pierre-sur-Dives, 36 B1
St-Pois, 36 A2
St-Pol-de-Léon, 12 C1
St-Pol-sur-Mer, 34 B1
St-Pol-sur-Ternoise, 34 B2
St-Pons-de-Thomières, 26 B2
St-Porchaire, 44 B3
St-Pourçain-sur-Sioule, 8 B1
St-Priest, 48 B1
St-Privat, 28 C2
St-Quay-Portrieux, 12 D1
St-Quentin, 42 C2
St-Quentin-en-Yvelines, 22 A-B2
St-Quentin, Pte de, 42 A1
St-Raphaël, 46 C3
St-Rémy-de-Provence, 46 A3
St-Rémy-sur-Durolle, 8 B2
St-Renan, 12 A2
St-Rigaud, 48 B1
St-Saëns, 38 B2
St-Sauveur-le-Vicomte, 36 A1
St-Sauveur-Lendelin, 36 A1
St-Sauveur-sur-Tinée, 46 D2
St-Savin, 6 B1
St-Savin, 44 C2
St-Sébastien-sur-Loire, 40 B2
St-Seine-l'Abbaye, 10 C2
St-Sever, 6 B3
St-Sever-Calvados, 36 A2
St-Sulpice-les-Feuilles, 28 B1
St-Thégonnec, 12 C1
St-Trivier-de-Courtes, 48 C1
St-Tropez, 46 C3
St-Tropez, C. de, 46 C3
St-Urcize, 8 B3
St-Valéry-en-Caux, 38 A2
St-Valery-sur-Somme, 42 A1
St-Vallier, 48 B2
St-Vaury, 28 B1
St-Véran, 46 C2
St-Vincent-de-Tyrosse, 6 A3
St-Vit, 20 A1
St-Yorre, 8 B1
St-Yrieix-la-Perche, 28 B2
Ste-Anne, 50 B1
Ste-Anne, 51 B2
Ste-Beaume, Chaine de la, 46 B3
Ste-Colombe, 44 C3
Ste-Croix, L. de, 46 C3
Ste-Énimie, 26 C1

Ste-Foy-la-Grande, 6 C2
Ste-Hermine, 40 B3
Ste-Luce, 51 B2
Ste-Lucie, Canal de, 51 B2
Ste-Marie, 51 B1
Ste-Marie, 53 B1
Ste-Marie-aux-Mines, 4 B2
Ste-Maure-de-Touraine, 14 A2
Ste-Maxime, 46 C3
Ste-Ménehould, 16 B2
Ste-Mère-Église, 36 A1
Ste-Odile, Mt., 4 B2
Ste-Rose, 53 B2
Ste-Rose, 50 A1
Ste-Sigolène, 8 C2
Ste-Suzanne, 40 C1
Ste-Suzanne, 53 B1
Ste-Victoire, Mgne, 46 B3
Stenay, 30 A1
Stes-Maries-de-la-Mer, 46 A3
Strasbourg, 4 B2
Sucy-en-Brie, 24 C3
Suin, Butte de, 10 C3
Suippes, 16 B2
Sully-sur-Loire, 14 C2
Sundgau, Rég., 4 B3
Super-Besse, 8 A2
Super-Devoluy, 46 B2
Superbagnères, 32 B3
Super-Lioran, 8 A2
Suresnes, 24 A2
Surgères, 44 B2

T

Table, Pte de la, 53 B2
Tain-l'Hermitage, 48 B2
Talence, 6 B2
Tallard, 46 C2
Talmont-sur-Gironde, 44 B3
Talmont-St-Hilaire, 40 B3
Taninges, 48 D1
Tarare, 48 B2
Tarascon, 46 A3
Tarascon-sur-Ariège, 32 C3
Taravo, Fl., 18 A2
Tarbes, 32 B2
Tardenois, Rég., 42 C2
Tarentaise, Rég., 48 D2
Tarn, Dép., 32 D2
Tarn, Riv., 26 C1
Tarn-et-Garonne, Dép., 32 C1-2
Tauves, 8 A2
Tavignano, Fl., 18 B1
Tech, Riv., 26 B3
Tence, 8 C2
Tende, 46 D2
Tergnier, 42 C2
Terre-de-Haut, Rég., 50 A2
Terre-de-Bas, Rég., 50 A2
Terres-Chaudes, Rég., 44 B-C3
Terres-Froides, Rég., 44 C3
Territoire-de-Belfort, Dép., 20 C1
Tessy-sur-Vire, 36 A2
Têt, Riv., 26 B3
Thabor, Mt, 48 D2
Thann, 4 B3
Thau, Étang de, 26 C2
Thelle, Rég., 42 A-B2
Thénezay, 44 B2
Thernois, Rég., 34 32
Thiais, 24 B3
Thiberville, 38 A2
Thiérache, Rég., 42 C2
Thiers, 8 B2
Thimerais, Rég., 14 B1
Thionville, 30 B1
Thiviers, 6 C1
Thonon-les-Bains, 48 D1
Thouarcé, 40 C2
Thouars, 44 B2
Thouet, Riv., 28 C3
Thuir, 26 B3
Thury-Harcourt, 36 B2
Tiercé, 40 C2
Tilly-sur-Seulles, 36 B1
Tinchebray, 36 B2
Tinée, Riv., 46 C-D2
Tinténiac, 12 E1
Tonneins, 6 C2
Tonnerre, 10 C2
Torcy, 24 C3
Torigni-sur-Vire, 36 B1
Toucy, 10 B2
Toul, 30 A2
Toulon, 46 B3
Toulouse, 32 C2
Touques, Fl., 36 C1
Touraine, Rég., 14 A2
Tourcoing, 34 C2
Tourmalet, Col du, 32 B3
Tournan-en-Brie, 22 B2
Tournay, 32 B2
Tournon-d'Agenais, 6 D2
Tournon-sur-Rhône, 48 B2
Tournus, 10 C3
Tourouvres, 36 C2
Tours, 14 A2
Tourlaville, 36 A1
Toury, 14 B1
Trappes, 24 B2
Trégastel-Plage, 12 C1
Trégorrois, Rég., 12 C1
Tréguier, 12 C1
Trégunc, 12 C2
Treignac, 28 B2
Trélazé, 40 C2
Trélon, 34 D2
Tremblay-en-France, 24 C2
Trets, 46 B3
Trévignon, Pte de, 12 C2
Trieux, Fl., 12 C1
Troam, 36 B1
Trois-Rivières, 50 A2
Trouville-sur-Mer, 36 C1
Troyes, 16 B3
Trun, 36 C2
Truyère, Riv., 8 A3
Tuchan, 26 B3
Tuffé, 40 D1
Tulle, 28 B2
Tullins, 48 C2
Turriers, 46 C2

U

Ubaye, Riv., 46 C2
Uckange, 30 B1
Ugine, 48 D2
Ussel, 28 C2
Ustaritz, 6 A3
Uzerche, 28 B2
Uzes, 26 D1

V

Vaccarès, Étang de, 46 A3
Vailly-sur-Sauldre, 14 C2
Vaison-la-Romaine, 46 B2
Val-d'Isère, 48 E2
Val-d'Oise, Dép., 24 B1
Val-de-Marne, Dép., 24 B3
Val-de-Reuil, 38 B2
Valdahon, 20 B1
Valdoie, 20 B1
Valençay, 14 B2
Valence, 26 B1
Valence, 48 B2
Valence-sur-Baïse, 32 B2
Valenciennes, 34 C2
Valenton, 24 C3
Valges, 40 C1
Valgorge, 48 B3
Vallage, Rég., 16 C3
Valleraugue, 26 C1
Vallespir, Rég., 26 B3
Vallon-Pont-d'Arc, 48 B3
Valmont, 38 A2
Valognes, 36 A1
Valois, Rég., 42 B2
Valras-Plage, 26 C2
Valréas, 46 B2
Vals-les-Bains, 48 B3
Vandœuvre-lès-Nancy, 30 B2
Vannes, 12 D2
Vanoise, Parc de la, 48 D2
Var, Dép., 46 C3
Var, Fl., 46 D3
Varades, 40 B2
Varennes-sur-Allier, 8 B1
Varilhes, 32 C2
Vars, 46 C2
Varzy, 10 B2
Vassivière, L. de, 28 B2
Vatan, 14 B2
Vauclin, Pte du, 51 B1
Vaucluse, Dép., 48 B-C3 et 46 B2
Vaucouleurs, 30 A2
Vaucresson, 24 D1
Vaujours, 24 C2
Vauvert, 26 D2
Vauvillers, 20 B1
Vaux-le-Penil, 24 B2
Velay, Mts du, 8 B2-3
Velay, Plat. du, 8 B-C2
Vélisy-Villacoublay, 24 A3
Venaco, 18 B1
Vence, 46 D3
Vendée, Dép., 40 B3
Vendéen, Bocage, 40 B3
Vendelais, 12 E1
Vendôme, 14 B2
Ventoux, Mt., 46 B2
Vercors, Parc du, 48 C3
Vercors, Rég., 38 48 C3
Verdon, Parc du, 46 C3
Verdon, Riv., 46 B-C3
Verdun, 30 A1
Vergt, 6 C1
Vermandois, Rég., 42 C2
Vermeille, Côte, 26 C3
Vermenton, 10 B2
Verneuil-sur-Avre, 16 D4
Vernon, 38 B2
Vernouillet, 14 B1
Vernoux-en-Vivarais, 48 B3
Versailles, 24 A3
Vertou, 40 B2
Vervins, 42 C2
Verzy, 16 B2
Vescovato, 18 B1
Vesoul, 20 B1
Vexin Normand, Rég., 38 B2
Vexin-Français, Parc du, 22 A-B1
Veynes, 46 B2
Veyre-Monton, 8 B2
Vézelay, 10 B2
Vézelise, 30 B2
Vézère, Riv., 6 D1
Viaur, Riv. , 32 D1
Vibraye, 40 D1
Vic-Fezensac, 32 B2
Vic-sur-Cère, 8 A3
Vic-sur-Gartempe, 44 C2
Vicdessos, 32 C3
Vichy, 8 B1
Vic-le-Comte, 8 B2
Vico, 18 A1
Vieille-Brioude, 8 B2
Vienne, 48 B2
Vienne, Dép., 44 C2
Vienne, Riv., 28 B2
Vierzon, 14 C2
Vieux-Fort, 50 A2
Vieux-Habitants, 50 A1
Vif, 48 C2
Vigeois, 28 B2
Vignemale, Mt, 32 A3
Vilaine, Fl., 12 F2
Villaines-la-Juhel, 40 C1
Villard-de-Lans, 48 C2
Villars-les-Dombes, 48 C2
Villé, 4 B2
Ville-d'Avray, 24 A3
Villebois-Lavalette, 44 C3
Villedieu-les-Poêles, 36 A2
Villefagnan, 44 C2
Villefort, 26 C1
Villefranche-d'Albigeois, 32 D2
Villefranche-de-Lauragais, 32 C2
Villefranche-de-Rouergue, 32 D1
Villefranche-du-Périgord, 6 D2
Villefranche-sur-Saône, 48 B2
Villemomble, 24 C2
Villeneuve-d'Ascq, 34 C2
Villeneuve-l'Archevêque, 10 B1
Villeneuve-le-Roi, 24 B3
Villeneuve-lès-Avignon, 26 D2
Villeneuve-St-Georges, 24 C3
Villeneuve-sur-Lot, 6 C2
Villeneuve-sur-Yonne, 10 B1
Villepinte, 24 C2
Villers-Bocage, 36 B1
Villers-Bocage, 42 B1
Villers-Bretonneux, 42 B2
Villers-Cotterêts, 42 C2
Villersexel, 20 B1
Villerupt, 30 A1
Villesalem, 44 C2
Villetaneuse, 24 B2
Villeurbanne, 48 B2
Villiers-sur-Marne, 24 C3
Vimeu, Rég., 42 A1-2
Vimoutiers, 36 C2
Vinay, 48 C2
Vincennes, Bois de, 25
Vire, 36 B2
Vire, Fl., 36 A1
Viriat, 48 C1
Vitré, 12 E1
Vitrolles, 46 B3
Vitry-le-François, 16 B3
Vitry-sur-Seine, 24 B3
Vitteaux, 10 C2
Vittel, 30 A2
Viverols, 8 B2
Viviers, 48 B3
Vivonne, 44 C2
Vizille, 48 C2
Vizzavona, 18 B1
Void, 30 A2
Voiron, 48 C2
Volcans-d'Auvergne, Parc des, 8 A2
Volvic, 8 B2
Vorey, 8 B2
Vosges, Dép., 30 A-B2
Vosges, Parc des Ballons des, 4 B2-3
Vosges-du-Nord, Parc des, 4 B2
Vouglans, L. de, 20 A2
Vouillé, 44 C2
Vouziers, 16 B2
Voves, 14 B1

W

Warneton, 34 B2
Wasselonne, 4 B2
Wimereux, 34 A2
Wingles, 34 B2
Wintzenheim, 4 B2
Wissant, 34 A2
Wissembourg, 4 B1
Wittenheim, 4 B3
Wœrth, 4 B2
Woëvre, Rég., 30 A1
Woippy, 30 B1
Wormhout, 34 B2

Y

Ydes, 8 A2
Yerville, 38 A2
Yeu, Î. d', 40 A3
Yonne, Dép., 10 B2
Yonne, Riv., 10 B2
Yport, 38 A2
Yssingeaux, 8 C2
Yvelines, Dép., 22 A2
Yvetot, 38 A2
Yzeure, 8 B1

Z

Zicavo, 18 B2
Zonza, 18 B2

Sources INSEE : - Recensement de la population 2011. Informations partielles 2011-2013. La France et ses régions, édition 2010

LÉGENDE DES CARTES

Espaces urbains

- Grande agglomération
- + 1 000 000 habitants
- 500 000 à 1 000 000
- 250 000 à 500 000
- 100 000 à 250 000
- 50 000 à 100 000
- 25 000 à 50 000
- - 25 000

PARIS Capitale d'État
RENNES Préfecture de région
Préfecture
Sous-préfecture

Communications et transports

- Autoroute, grande route à chaussées séparées
- Route principale
- Route secondaire
- Autre route
- Voie ferrée importante (TGV)
- Autre voie ferrée
- Canal navigable
- Aéroport, aérodrome
- U Ville universitaire

Limites

- Limite d'État
- Limite de département
- Limite de parc naturel

Divers

- Sommets principaux
- Sommet de la région
- Sommet remarquable
- Château
- Fort, forteresse, remparts
- Abbaye, cathédrale, basilique
- Église, chapelle
- M Musée
- Grotte, gouffre
- Site ou curiosité remarquable

Altitude (en m)
0 100 200 500 1 000 1 500

Les 27 régions

page		page
4	ALSACE	4
6	AQUITAINE	6
8	AUVERGNE	8
10	BOURGOGNE	10
12	BRETAGNE	12
14	CENTRE (CENTRE-VAL DE LOIRE)	14
16	CHAMPAGNE-ARDENNE	16
18	CORSE	18
20	FRANCHE-COMTÉ	20
22	ÎLE-DE-FRANCE	22
26	LANGUEDOC-ROUSSILLON	26
28	LIMOUSIN	28
30	LORRAINE	30
32	MIDI-PYRÉNÉES	32
34	NORD-PAS-DE-CALAIS	34
36	BASSE-NORMANDIE	36
38	HAUTE-NORMANDIE	38
40	PAYS-DE-LA-LOIRE	40
42	PICARDIE	42
44	POITOU-CHARENTES	44
46	PROVENCE-ALPES-CÔTE D'AZUR	46
48	RHÔNE-ALPES	48
50	GUADELOUPE	50
51	MARTINIQUE	51
52	GUYANE	52
53	RÉUNION	53
54	MAYOTTE	54

GLOSSAIRE

Taux de créations d'entreprises : rapport du nombre de créations d'entreprises au cours d'une année, rapporté au nombre d'entreprises actives au 1er janvier de l'année considérée (en %).

Valeur ajoutée brute : mesure de la production créée et vendue par une entreprise (chiffre d'affaires moins les consommations intermédiaires).

Variation relative annuelle de la population : variation moyenne annuelle sur une période déterminée tenant compte des soldes migratoires, des naissances et des décès.

Accroissement naturel : variation moyenne annuelle sur une période déterminée tenant compte du bilan des naissances et des décès. Le solde peut donc être positif ou négatif.

RSA (revenu de solidarité active) : il permet de fournir aux personnes sans revenu ou disposant de faibles revenus un revenu minimum et suffisant pour vivre dans la dignité. Il a remplacé le RMI (revenu minimum d'insertion depuis 2009).

Revenu disponible brut des ménages : comprend tous les revenus (activités, patrimoine, prestations sociales) nets des impôts directs.

Revenu fiscal médian des ménages : comprend la somme moyenne des ressources déclarées sur la déclaration de revenus, avant abattement par unité de consommation. Il est exprimé selon trois niveaux d'observation : l'unité de consommation (système de pondération attribuant un coefficient à chaque membre du ménage), le ménage et la personne.

DISTANCE ENTRE LES CAPITALES RÉGIONALES

BESANÇON - MARSEILLE : 540 km

	AJACCIO	AMIENS	BESANÇON	BORDEAUX	CAEN	CHÂLONS-EN-CHAMPAGNE	CLERMONT-FERRAND	DIJON	LILLE	LIMOGES	LYON	MARSEILLE	METZ	MONTPELLIER	NANTES	ORLÉANS	PARIS	POITIERS	RENNES	ROUEN	STRASBOURG
AMIENS	1 420																				
BESANÇON	945	580																			
BORDEAUX	1 140	730	675																		
CAEN	1 505	240	650	560																	
CHÂLONS-EN-CHAMPAGNE	1 260	220	295	730	400																
CLERMONT-FERRAND	915	575	320	360	560	420															
DIJON	1 000	460	85	620	550	255	265														
LILLE	1 490	120	540	805	345	250	640	495													
LIMOGES	1 090	550	460	210	460	480	175	400	625												
LYON	810	615	240	535	700	445	170	195	680	350											
MARSEILLE	520	925	**540**	640	1 015	760	400	500	1 000	600	310										
METZ	1 270	360	220	910	570	150	530	270	370	720	460	780									
MONTPELLIER	665	910	535	490	1 000	755	350	495	970	430	300	160	750								
NANTES	1 470	510	750	325	290	545	465	655	600	300	615	980	710	810							
ORLÉANS	1 205	285	405	450	265	245	300	300	350	280	425	700	450	640	300						
PARIS	1 270	155	410	580	245	165	425	310	220	400	460	765	330	765	390	130					
POITIERS	1 190	485	515	250	335	495	280	510	560	120	430	680	660	540	180	210	340				
RENNES	1 460	415	710	435	175	510	560	620	560	385	760	970	675	910	105	300	350	265			
ROUEN	1 405	115	550	605	120	300	515	450	225	480	590	910	470	890	380	220	130	375	300		
STRASBOURG	1 110	520	240	920	730	320	565	330	520	705	480	800	160	790	870	615	490	825	840	630	
TOULOUSE	905	850	770	245	805	790	380	735	920	300	535	400	1 000	250	560	580	700	500	680	790	1025